LUNCH IN
LONDON

Gabriele Gugetzer
Fotografie: Katya Katkova

LUNCH IN
LONDON

**50 ECHT BRITISCHE REZEPTE
VON LATE BREAKFAST BIS AFTERNOON TEA**

CHRISTIAN

WILLKOMMEN IN MEINER LIEBLINGSSTADT

Ich kam das erste Mal nach London, da war ich 14. Damals war ich zu jung, um mich in eine Stadt zu verlieben, stattdessen verliebte ich mich in einen dieser ebenso charmant wie frech grinsenden Jungs, die mir auf dem Portobello Market einen Schlapphut andrehen wollten. Zwischenzeitlich habe ich in London gelebt, komme als Reise- und Foodjournalistin häufig in die Stadt, habe dort Freunde fürs Leben gefunden.

Den Schlapphut gibt's nicht mehr, in London bin ich noch immer verliebt.

Auf den nächsten Seiten möchte ich Ihnen zeigen, warum. Möchte Sie mitnehmen auf Spaziergänge, einladen in gemütliche Pubs, in Sternetempel. In Museen, Paläste, Märkte und entzückende Buchläden. Zu Liberty's. Zum Shoppen. Zum Innehalten und Teetrinken. Oder Champagner. Oder englischen Sekt (doch, doch, der ist köstlich).

Viele Rezepte zum Nachkochen habe ich für Sie gesammelt, die sich um den Afternoon Tea drehen und natürlich um den Lunch, wie ihn die Londoner am liebsten am Wochenende für mehrere Stunden zelebrieren.

London ist bunt. Elegant. Aber auch anstrengend. London ist kosmopolitisch. Traditionsbewusst. Aber auch anstrengend – ja, das sagte ich schon. Wenn Sie einen Erholungsurlaub brauchen, fahren Sie bitte woandershin. Möchten Sie jedoch eintauchen in eine wirkliche Weltstadt, in der es für jeden Geschmack etwas gibt, wo die zeitlose Eleganz von Downton Abbey Seite an Seite existiert mit völlig untragbarem Klimbim, wo Sie der Zeitungshändler beim dritten Besuch schon mit »Hello dear« anspricht, wo Sie hervorragend essen können, auf 2000 Jahre Geschichte wandeln und Ihnen nie nur eine Minute lang langweilig sein wird, dann kommen Sie nach London.

Und falls Sie noch nie dort waren und es nun fest einplanen, ja, dann beneide ich Sie fast ein bisschen um die staunenswerten Entdeckungen und Erfahrungen, die Sie in der Stadt an jeder Ecke machen werden.

Viel Spaß dabei!

Herzlich,
Ihre Gabriele Gugetzer

INHALT

CITY OF WEST-MINSTER

SHOW ME THE MONEY!

Schließen Sie die Augen. Nun stellen Sie sich London vor. Sicherlich sehen Sie historische Prachtbauten, elegante Straßenzüge, verträumte Parks, aufregendes Nachtleben, viel, viel Tradition und Geschichte … und wenn Sie die Augen wieder öffnen, befinden Sie sich in der City of Westminster. Knapp 22 Quadratkilometer groß ist dieser innerstädtische Bezirk nördlich der Themse. Hier stehen die weltberühmten Sehenswürdigkeiten dicht an dicht. Buckingham Palace, der frisch renovierte Uhrenturm Big Ben, die Houses of Parliament, Westminster Abbey. Hier liegt auch No. 10 Downing Street, denn Westminster ist Heimat des politischen Zentrums des Landes. Wem Politik zu deprimierend ist, bitte sehr: Museen von Weltrang wie die Tate Britain, die National Gallery, die Royal Academy of Arts und die Wallace Collection befinden sich ebenso in dieser City in der Metropole.

Die großen Shoppingmeilen Regent Street, Piccadilly und Oxford Street gehören zur City of Westminster, ebenso die Vergnügungsviertel Soho und Covent Garden. Kein Wunder also, dass hier die luxuriösesten Hotels Europas stehen, denen es auf beneidenswerte und völlig mühelose Art gelingt, eine erstaunliche Prachtentfaltung mit einem Gespür für Eleganz und Höflichkeit zu vereinen. Den Afternoon Tea in einem dieser Hotels zu genießen, gehört auf die viel beschworene Bucket List, die viele von Ihnen noch als Wunschzettel kennen. Und auch für einen köstlichen Lunch in einem Restaurant, das so gemütlich ist, dass man es als Vorlage für die Umgestaltung der eigenen vier Wände nutzen möchte, finden sich in der City of Westminster viele Gelegenheiten. Lernen Sie auf den nächsten Seiten die schönsten Stadtteile dieser City in der City kennen.

BELGRAVIA

Wie es sich anfühlen könnte, sehr viel Geld zu besitzen, kann man beim Schlendern durch Belgravia erahnen. Es ist überaus vornehm hier. Wäre da nicht auch der berühmte grüne Daumen der Insel am Werk, könnte er fast einschüchternd wirken, dieser perfektionierte gute Geschmack. Aber das Händchen für Florales macht aus einer der teuersten Gegenden der westlichen Hemisphäre eine verzauberte Welt. Hier sind die Botschaften angesiedelt, hier wohnen Spitzenpolitiker, hier kosten Etagenwohnungen durchaus 20 Millionen Pfund. Die Gebäude sind graffitifrei, kein Abfall verschandelt den Blick aufs perfekt geschrubbte Kopfsteinpflaster oder in schmale Gassen. Und dazu ist alles leidenschaftlich begrünt, sogar am kleinsten Fenster oder vor der winzigsten Ladenfassade grünt und blüht es.

Weil das Thermometer in London nur selten gen null rutscht und Schnee als Plage vom Festland gilt, leuchten die Balkonkästen und Fassadenverschönerungen selbst im schmuddeligen Winterwetter beneidenswert, gedeihen Drachenbäume, Jasmin und Rosenkaskaden überschwänglich. Das zaubert an jeder Straßenecke ein Lächeln ins Gesicht. Vorausgesetzt, man muss gerade nicht den Stadtplan konsultieren, denn dieses elegante Sammelsurium an Gassen und Mews – früher waren da die Stallungen untergebracht – kann sich wie ein Irrgarten anfühlen. Aber es gibt Schlimmeres als noch eine Runde um die Eaton Square Gardens, irgendwie wird man doch wohl zum Buckingham Palace gelangen, das wäre ja gelacht!

Kleine Tipps zur leichteren Orientierung, auch fürs Shopping: Je ländlich-niedlicher Ladenfassaden mit Blumenschmuck eingefasst sind, beispielsweise in der Elizabeth Street oder Motcomb Street, desto teurer wird es. Erschwinglich sind dagegen Erinnerungen oder Mitbringsel wie Pralinen vom Zuckerbäcker **Rococo** oder Grußkarten aus dem Papiergeschäft HR Stokes. Und ein Tipp zum Sightseeing: Die blaue Gedenkplakette für den James-Bond-Erfinder **Ian Fleming** hängt über dem Eingang zum Haus 22 Ebury Street.

CHOCOLATE TRUFFLES
Schokoladentrüffel

FÜR 4 PERSONEN

100 g Zartbitterschokolade
100 g Sahne
1 Prise Salz
Kakaopulver, ungesüßte
   Kokosflocken, fein gehackte
   Keksreste o. Ä. zum Wälzen

Die Schokolade fein hacken und in eine flache Schüssel geben. Die Sahne mit dem Salz in einem Wasserbad erwärmen, bis sie kurz vor dem Kochen ist.

Die heiße Sahne über die Schokoladenstückchen gießen und die Mischung 2 Minuten ruhen lassen. Dann gut durchrühren, bis die Masse emulgiert ist. Abgedeckt in etwa 4 Stunden im Kühlschrank fest werden lassen.

Anschließend Kakaopulver, Kokosflocken, Keksreste o. Ä. auf Frischhaltefolie ausstreuen. Mit einem Kugelformer aus der Schokoladenmasse kleine Bällchen abstechen und in den ausgestreuten Zutaten wälzen.

Die Schokoladentrüffeln nach Wunsch verpacken und innerhalb der nächsten 2 Tage verbrauchen.

▶ *Das Schokoladengeschäft Rococo, aus dem dieses Rezept stammt, empfiehlt seine sogenannten* single origin artisan bars, *die aus Kolumbien, Honduras, Vietnam und Peru stammen. Dank des hohen Kakaogehalts eignen sie sich besonders gut zur Herstellung von Konfekt – und dank des feinen Aromas natürlich auch einfach so pur zum Naschen.*

THE GORING HOTEL

Als sie noch Kate hieß, verbrachte sie die Nacht vor ihrer Hochzeit mit einem der begehrtesten Junggesellen der Welt in diesem Hotel. Quasi gegenüber vom Goring Hotel liegt der Buckingham Palace. Die heutige Catherine, Duchess of Cambridge, konnte also ein bisschen in ihre eigene Zukunft schauen … Im Goring geht schon immer der Adel ein und aus, weniger die internationalen Stars. Vielleicht auch, weil es ein Refugium und das einzige Fünfsternehotel Londons ist, das sich noch in Familienbesitz befindet. Zum Hotel gehört ein Sternerestaurant und es ist überhaupt sehr wertig, aber ohne vergoldetes »Gedöns«, außerdem lauern hier keine Paparazzi. Die Tapeten in der Eingangshalle sind handgemalt, die Zimmer sind von unplüschiger Eleganz. Das Goring wirkt einladend und stimmungsaufhellend wie der Landsitz eines sehr vermögenden Lords – auch wegen der überall im Hotel verstreuten Spielzeugschafe, die ganz eindeutig den englischen Hang zur Exzentrik besitzen, wenn sie in größerer Menge rumlungern.

Im Sommer lockt der Garten, auf den das Haus sehr stolz ist, denn er ist der größte Privatgarten in einem Hotel seiner Art in London. Auf dem perfekten englischen Rasen wird sogar Croquet gespielt. Hier kann man wirklich zur Ruhe kommen.

Der lichtdurchflutete Dining Room wurde von einem königlichen Möbeltischler gestaltet: David Linley ist der Sohn von Prinzessin Margaret und auf der Insel sehr anerkannt. Der Stil der Restaurantküche ist elegant und durchaus aufwendig, aber ihr beliebtes Dessert Knickerbocker Glory können Sie problemlos zu Hause nachkochen (siehe Seite 22).

Direkt an der Buckingham Palace Road liegt das entsprechend benannte **Hotel Rubens at the Palace**. Hier wird altenglische Eleganz mühelos gemixt mit modernen Elementen. Der Afternoon Tea ist wunderbar, und wenn Sie sich mal von einem Bartender in die Kunst der Cocktails einführen lassen möchten, steht Ihnen Salvatore Maggio zur Verfügung (für 150 Pfund für zwei Personen). Ben Kelliher kocht im feinen Hotelrestaurant. Ausschließlich am Weihnachtsmorgen serviert er immer als Auftakt Orkney Scallops (siehe Seite 24). Für den Raucheffekt wird ein Gasbrenner und Glaszylinder benötigt. Aber für die Zubereitung dieser staunenswerten Vorspeise zu Hause geht's auch ohne.

UND WAS IST MIT TEE?

So viel vorneweg: Die Engländer trinken nach wie vor so viel Tee wie sonst niemand auf der Welt. 100 Millionen Tassen oder Becher schaffen sie, am Tag. Oft muss es schnell gehen, da wird kein loser Tee aufgebrüht, sondern ein Teebeutel. Nicht automatisch, aber oft impliziert das minderwertige Ware. Zwar hat jeder Tee den gleichen Ursprung, die Teepflanze (*Camellia sinensis*), aber er kann in diversen Blattgraden produziert werden. B für Broken, F für Fanning und D für Dust bezeichnen die Größe und Verfassung der Teeblätter. In der Konsistenz erinnert Dust fast an Sand, Fanning sind herausgesiebte Partikel des Blatts, die meist in den Teebeutel wandern. Als Broken werden die zerriebenen – im Englischen wortwörtlich »zerbrochenen« – Teeblätter bezeichnet, die deshalb ihr Aroma schneller in den Tee abgeben als Blattware. Grüner Tee ist immer Blattware – und schmeckt entsprechend milder.

Tee wird in England den ganzen Tag getrunken, war lange Zeit aber auch der klassische Begleiter zum Abendbrot – daher stammt die bis heute benutzte Formulierung der Frage, was es zu essen gibt: *What's for tea?*

Was den Tee betrifft, wäre außerdem noch zu klären, ob Sie ein *tif* oder doch ein *mif* sind. Die Königin beispielsweise ist ein *tif*. Zum besseren Verständnis: Feinstes Porzellan zeichnet sich unter anderem dadurch aus, dass es hohe Temperaturen, wie sie frisch gebrühter Tee aufweist, aushält, ohne zu springen. Ein *mif* traut seinem Porzellan nicht so recht und bereitet es auf den Temperaturschock erst mal mit einem Schuss Milch vor, das heißt, er ist ein *milk in first*. Wer dagegen hochwertiges Geschirr besitzt, der kann zuerst den heißen Tee eingießen und ist deshalb ein *tif*, die Abkürzung für *tea in first* – ganz wie die Queen.

KNICKERBOCKER GLORY

FÜR 2 PERSONEN

8 große reife Erdbeeren
8 reife Himbeeren
1 Blatt weiße Gelatine
100 ml Orangensaft
100 g Erdbeereis
150 g Sahne
1 Pck. Vanillezucker
50 g Crème pâtissière
    (Fertigprodukt, z. B. von
    Dr. Oetker)
2 EL Schokoraspel

Beide Beerensorten waschen und putzen. Die Erdbeeren halbieren bzw. vierteln und mit den Himbeeren auf zwei hohe Gläser verteilen, dabei einige Erdbeeren beiseitestellen.

Die Gelatine nach Packungsangabe in kaltem Wasser einweichen. Inzwischen den Orangensaft in einem Töpfchen bei niedriger Temperatur erwärmen. Die eingeweichte Gelatine ausdrücken, zum Orangensaft geben und unter Rühren auflösen. Den Saft über das Obst gießen und die Gläser für etwa 4 Stunden kalt stellen, bis die Masse fest geworden ist.

Anschließend das Erdbeereis und die beiseitegestellten Erdbeeren über die Fruchtmasse schichten. Zunächst die Sahne anschlagen, dann den Vanillezucker unterrühren und die Sahne vollständig steif schlagen. Ein Drittel der Schlagsahne mit der Crème pâtissière verrühren und über die Erdbeeren geben. Zuletzt die übrige Sahne daraufsetzen.

Das Dessert mit den Schokoraspeln bestreuen und gleich servieren.

ORKNEY SCALLOPS
Jakobsmuscheln von den Orkneys

FÜR 4 PERSONEN

FÜR DIE APPLEWOOD HOLLANDAISE
100 g Applewood-Käse
  (geräucherter Cheddar)
80 g Konditorsahne
  (35 % Fettgehalt)
Salz
schwarzer Pfeffer aus der
  Mühle

FÜR DIE SAUCE HOLLANDAISE
½ Schalotte
½ Zitrone
2 Eigelb
120 g Butter
3 EL Weißweinessig
Salz
schwarzer Pfeffer aus der
  Mühle

AUSSERDEM
½ Zitrone
4 küchenfertige Große
  Pilgermuscheln oder
  8 reguläre Jakobsmuscheln,
  mit den Schalen zum
  Anrichten
Salz
schwarzer Pfeffer aus der
  Mühle
1 TL Pflanzenöl
20 g Butter
30 g (englische) Chorizo-
  Wurst
2 EL Semmelbrösel (das
  Restaurant verwendet
  selbst gemachte Brösel von
  Brioche-Brötchen)

Für die Applewood-Hollandaise den Käse reiben. Die Sahne erwärmen, den Käse untermischen und so lange rühren, bis er geschmolzen ist. Die Hollandaise mit Salz und Pfeffer abschmecken und im Wasserbad warm halten.

Für die Sauce hollandaise die Schalotte abziehen und ganz fein hacken. Die Zitrone auspressen. Das Eigelb in einer Schüssel verquirlen. Die Butter in einem Topf erwärmen und klären, das heißt sie so lange köcheln lassen, bis sich Schaum bildet, der mit einem Schaumlöffel abgeschöpft wird.

Den Weißweinessig mit der Schalotte in einem Töpfchen leicht erwärmen und köcheln lassen, bis die Schalotte glasig wird.

Ein Wasserbad vorbereiten. Den Schalottensud und das Eigelb mit einem Schneebesen in einer Schüssel über dem Wasserbad verrühren. Die geklärte Butter in einem dünnen Strahl angießen und weiterschlagen, bis die Masse eindickt. Mit dem Zitronensaft, Salz und Pfeffer abschmecken.

Den Grill vorheizen. Die halbe Zitrone auspressen. Die Muscheln salzen und pfeffern. Das Öl in einer Pfanne erwärmen und die Muscheln darin von einer Seite 1–3 Minuten (je nach Größe und Dicke) anbraten. Dann wenden und die Butter sowie den Zitronensaft unterrühren.

Die Muscheln in die Schalen geben. Die Chorizo enthäuten, fein würfeln und über die Muscheln streuen. 200 ml Applewood-Hollandaise unter 200 ml Sauce hollandaise rühren und je 2 EL von der Mischung über der Wurst verteilen.

Die Muscheln 30 Sekunden grillen, bis die Sauce etwas bräunt, mit den Bröseln bestreuen und heiß servieren. Die übrige Hollandaise dazu reichen.

▶ *Für den Raucheffekt wird ein Gasbrenner und Glaszylinder benötigt. Aber für die Zubereitung dieser staunenswerten Vorspeise zu Hause geht's auch ohne.*

ST. JAMES'S

Gleich neben Belgravia liegt das Viertel St. James's. Auf den ersten Blick ändert sich nicht viel: elegant, gediegen und im gleichen Sinne englischen Understatements sündhaft teuer. Aber noch traditioneller. Vielleicht wenig überraschend, ist etwa die Hälfte des Grundbesitzes von St. James's Krongut, gehört also der britischen Krone. Früh schon hatten sich die Gentlemen's Clubs etabliert und im 18. Jahrhundert wurden ganze Straßenzüge in einem einheitlichen, angenehm hellen Stein mehrere Etagen hoch gebaut. Eingerahmt ist dieses kleine Viertel am oberen Ende von **Fortnum & Mason** und **Piccadilly** und an den Seiten von zwei Parks, dem **Green Park** und **St. James's Park**. In beiden kann man sich einen der klassischen Gartenstühle mieten (1,80 Pfund pro Stunde), das schlägt den Besuch jeden Cafés um Längen, was Kurzweiligkeit, Kosten, Erholungs- und Unterhaltungswert angeht.

Namensgeber dieses Stadtteils ist der frühere Sitz der Royals. Denn bis ihr **Buckingham Palace** (Insider nennen ihn Buck House) 1837 fertiggestellt wurde, residierten sie 300 Jahre im St. James's Palace. Verglichen mit Buck House verdient er den Namen *palace*, also Palast, nicht wirklich, denn der 1531 errichtete Bau erinnert an niedliches Legoland, weniger an Pracht. Zu besichtigen ist er nicht, aber die Wachablösung ist ideal für Fotofaxen.

Clarence House, der Londoner Wohnsitz von Prince Charles und Camilla, befindet sich dort. Und nur wenige Schritte entfernt liegt das **St. James's Hotel and Club**. Ja, hier wäre so einer der Gentlemen's Clubs, von denen bereits die Rede war. Selbst wenn Sie die Aufnahmegebühr und dann den Jahresbetrag zahlen könnten, benötigen Sie je nach Exklusivität bis zu 35 Bürgen. Doch den Afternoon Tea dürfen

Sie hier auch ohne Fürsprecher genießen. Chefkoch William Drabble lässt sich gerade bei den süßen Sachen häufig mal etwas Neues einfallen, aber Klassiker wie der Victoria Sponge Cake (siehe Seite 30) dürften so schnell nicht von der Etagere verschwinden.

Bottoms Up, Hoch die Tassen!

An der Tür weist er sich als zweitältester Pub des Viertels aus. **The Red Lion** liegt in einer schmalen Gasse – das norddeutsche Wort Twete trifft es noch besser –, die auf den St. James's Palace zugeht. Stärken Sie sich im Red Lion mit dem Sandwich des Tages und genießen Sie, ein frisch und englisch flach gezapftes Bier in der Hand, den Trubel. Sie werden staunen darüber, was Gentlemen und Geschäftsleute hier bereits zur Lunch Hour wegtrinken können ...

Apropos Gentlemen: Da diese schon immer auf ihr Äußeres bedacht waren, ist es nicht überraschend, dass es in St. James's rund um die Jermyn Street viele Geschäfte in Familienbesitz gibt, die sich seit Jahrhunderten genau darum bemühen: Friseur, Schuhmacher, Hutmacher, viele Schneider lohnen mindestens einen Blick ins Fenster. Beim Duftimperium **Floris**, 1730 gegründet und selbstverständlich offizieller Lieferant der Königin, sollten Sie die Nase auf jeden Fall hineinstecken. Auch in der **Jermyn Street** steht eine Statue als Hommage an diesen englischen Gentleman-Stil: Sie verkörpert Beau Brummell, der ihn Ende des 18. Jahrhunderts erfand und standesgemäß verarmt und von Sinnen starb.

PAXTON & WHITFIELD

Neben Schönheit wird in der Jermyn Street Genuss großgeschrieben. Das feinste Käsegeschäft der Stadt und das älteste des Landes ist Paxton & Whitfield. Selbstredend ist es Hoflieferant; Königin Victoria verlieh ihm 1850 diese Ehre, heute sind die Königin und der Prinz of Wales Abnehmer. Die große Auswahl des Ladens an englischen Käsesorten von Cheddar bis Blauschimmel ist beeindruckend. Im Wachsmantel sind die Spezialitäten auch geeignet für den Rücktransport.

Was hierzulande an der Käsetheke als englischer Käse angeboten wird – gelbgrün marmoriert oder im knallroten Plastikmantel immerhin vor dem Austrocknen geschützt –, lässt nicht im Ansatz erahnen, wie köstlich englische Käsesorten sein können. Selbst besagte gelbgrüne Variante, der Sage Derby: Wenn der gut gemacht ist, schmeckt er ungewöhnlich, aber gleichzeitig *moreish*, nämlich nach mehr. Salbei gibt ihm diese Würze und die Farbe.

Auf einer Käseplatte sollten sich ja mehrere Aromen und Texturen finden. Auf jeden Fall gehört ein Cheddar dazu. Er wurde einst nur im Städtchen Cheddar gemacht und bis heute in einem *cheddaring process*, das bedeutet, dass Käsebruch übereinandergestapelt wird. Das Ergebnis sind kompakte Käse. Zwischen Industrieware und kleiner Käserei gibt es qualitativ große Unterschiede, die merkt man am Preis. Auch für Blauschimmel ist das Land berühmt. Stilton ist der intensivste, andere Sorten gehen ins Pikante oder sind eher cremig. Zum Stilton wird traditionell Port serviert; Kenner kippen den Port über den Stilton und zermantschen das dann optisch wenig ansprechend zu einer überaus köstlichen Creme. Was außerdem noch auf eine Käseplatte gehört, ist ein Weichkäse, und hier punktet England ebenso, zum Beispiel mit Baron Bigod. Caerphilly, Cheshire, Lancashire und Berkswell sind weitere bekannte Käsesorten, die Paxton & Whitfield führt.

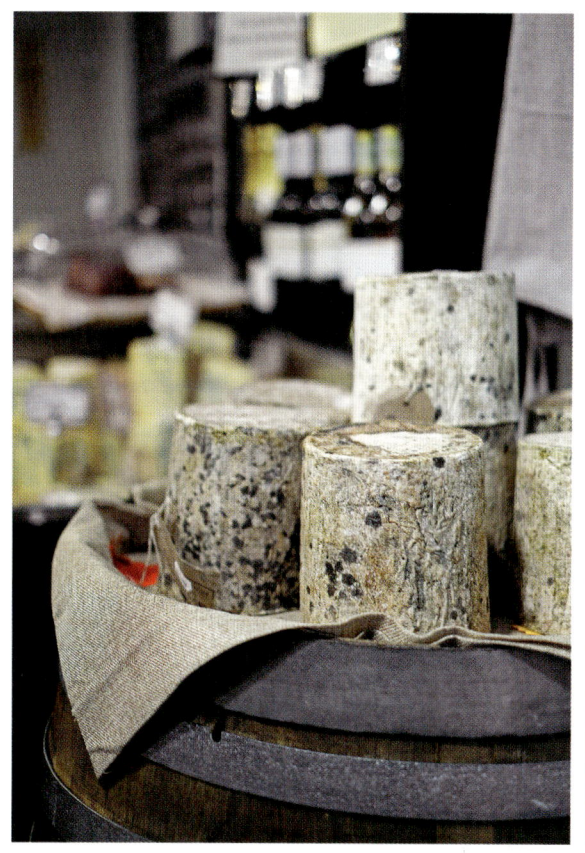

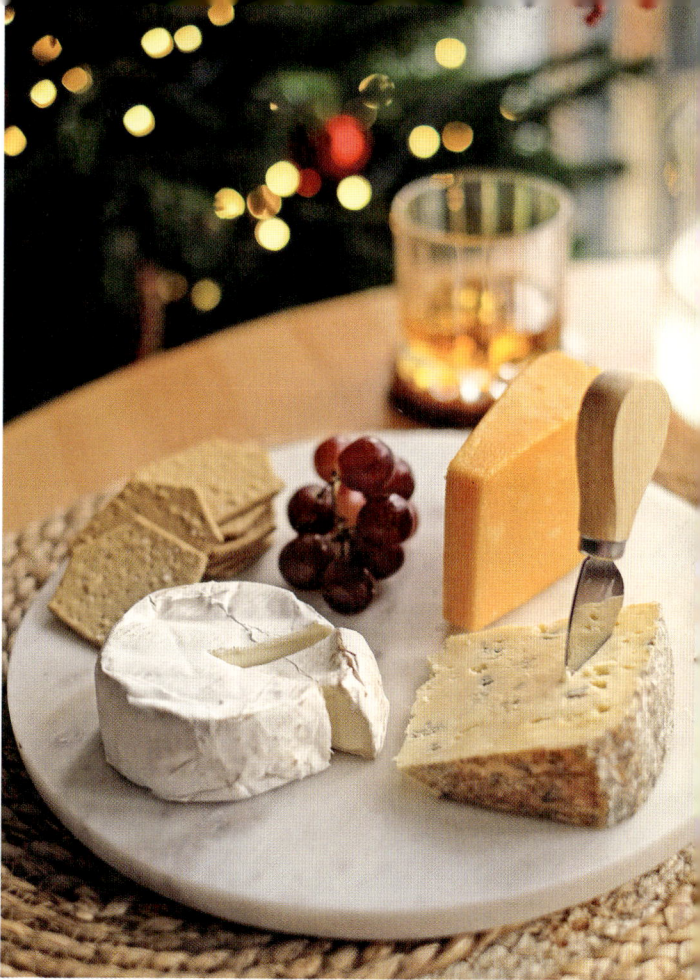

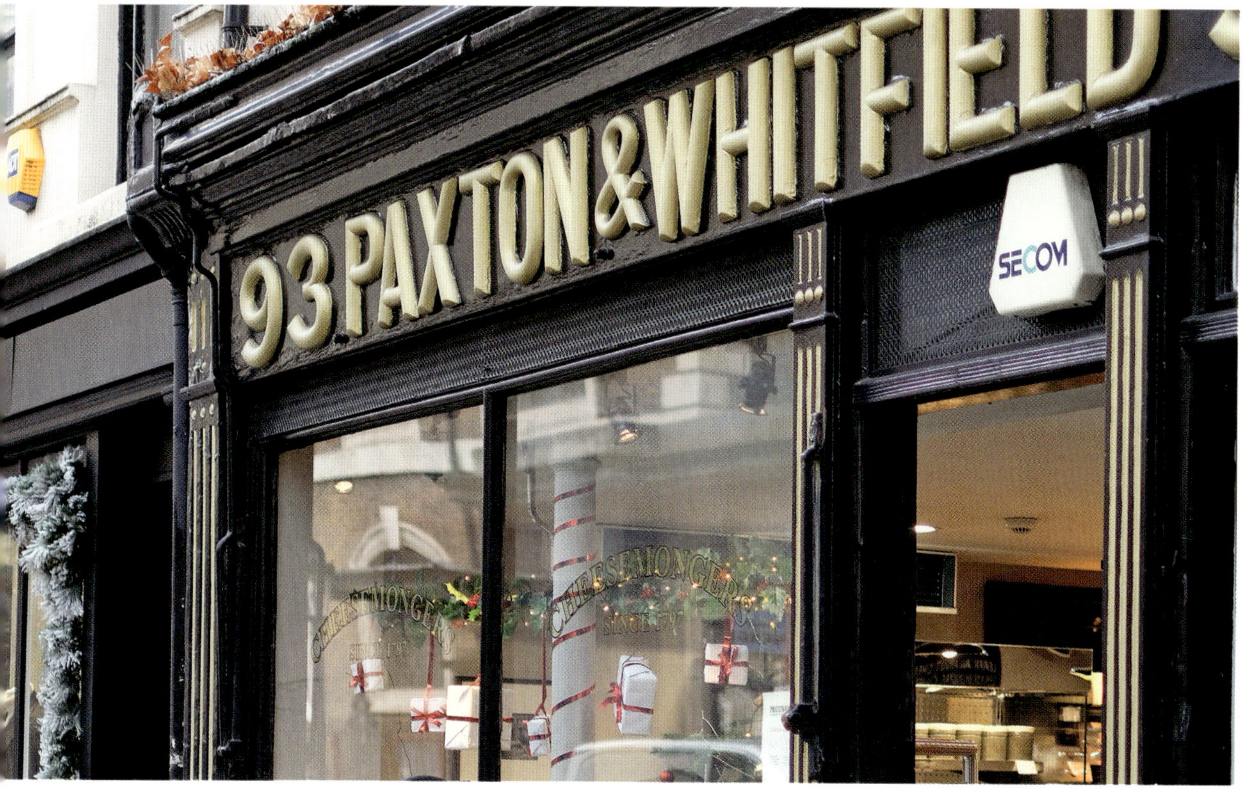
93 PAXTON & WHITFIELD
SECOM
CHEESEMONGERS
CHEESEMONGERS

VICTORIA SPONGE CAKE

FÜR 1 SPRINGFORM (24 CM Ø)

FÜR DEN TEIG

200 g zimmerwarme Butter
    + mehr für die Form
200 g Zucker
4 Eier
200 g Weizenmehl Type 405
1 Pck. Backpulver
2 EL Milch

FÜR DIE FÜLLUNG

100 g Butter
150 g Puderzucker + mehr
    zum Bestreuen
180 g Erdbeerkonfitüre
reife Erdbeeren (optional)

Für den Teig den Backofen auf 190 °C Ober-/Unterhitze vorheizen. Die Springform einfetten und bei Bedarf mit Backpapier auskleiden.

Die Butter mit dem Zucker mit dem Handmixer schaumig schlagen. Dann die Eier nacheinander unterrühren. Die Masse so lange schlagen, bis sie aufhellt und etwas an Volumen gewinnt. Danach das Mehl mit dem Backpulver vermischen und vorsichtig über die Butter-Zucker-Eier-Mischung stäuben, dann unterrühren. Zuletzt die Milch unterrühren, damit der Teig etwas flüssiger wird.

Den Teig in die vorbereitete Form füllen und im Ofen auf der mittleren Schiene etwa 30 Minuten backen, bis der Kuchen durchgebacken, aber noch elastisch ist. Dann aus der Form lösen und abkühlen lassen.

Inzwischen die Füllung zubereiten. Dafür die Butter mit dem Puderzucker glatt und cremig zu einer Buttercreme verrühren.

Den Kuchen mit einem scharfen Messer oder Tortenbodenteiler horizontal teilen. Die Creme auf der Schnittfläche der unteren Hälfte verteilen. Darüber die Erdbeerkonfitüre verstreichen. Falls verwendet, die Erdbeeren waschen, putzen, fein schneiden und darüber verteilen. Die zweite Kuchenhälfte als Deckel aufsetzen.

Den Victoria Sponge Cake mit Puderzucker bestreuen und servieren.

HAVE YOURSELF A VERY BRITISH CHRISTMAS

Albert von Sachsen-Coburg und Gotha, besser bekannt als Prinzgemahl von Queen Victoria, brachte deutsches Brauchtum nach Großbritannien, darunter den Weihnachtsbaum. Wie Zeitzeugen berichten, ließen es sich die beiden nicht nehmen, jedes Jahr an Heiligabend einen riesigen Weihnachtsbaum nach Windsor Castle zu schleppen und auch selbst zu dekorieren. »Dann wurden Kerzen angezündet, Lebkuchenanhänger in die Zweige gesteckt und danach durften die Kinder hereinkommen«, beschreibt Kathryn Jones, Kuratorin der Royal Collection, dieses Ritual. Heute wird ein Weihnachtsbaum meist schon im Laufe des Dezembers aufgestellt und darunter alle Geschenke drapiert. Weihnachtskarten – ein absolutes Muss – sind auch Dekoration: aufgehängt oder aufgestellt auf dem Kaminsims.

Tipp: Diese Weihnachtskarten sind viel schöner gestaltet als hierzulande, oft geht eine Summe beim Verkauf an eine wohltätige Organisation und preiswerter sind die Karten überdies. Nur beim Format ist Vorsicht geboten, die viereckige Karte läuft bei der deutschen Post als Sonderformat.

Leckereien, die alle Jahre wieder zu Weihnachten serviert werden müssen, sind beispielsweise Mince Pies (siehe Seite 38) und Christmas Pudding (siehe Seite 40). Während Weihnachten bei uns eher der Familie gewidmet ist, ähnelt es in England einer mehrtägigen rauschenden Party, man setzt sich alberne Hüte auf und öffnet die Türen für Besuch von nebenan und Freunden. Ausgepackt werden Geschenke übrigens am 25. Dezember morgens.

DER WEIHNACHTSZAUBER VON FORTNUM & MASON

Kann man Weihnachten lieben und Schnee nicht? Londoner verfallen in einen wahren Dekorationsrausch um die Weihnachtszeit, die spätestens Anfang November eingeläutet wird. Rund um Oxford Street, Regent Street und Piccadilly sind die noblen Straßen prächtig beleuchtet. Doch während wir gerne die Zunge ausstrecken, um die ersten leise rieselnden Schneeflocken zu fangen, mögen Londoner Schnee nur, wenn er künstlich rieselt. In dem dortigen milden Klima schneit es selten, noch seltener bleibt der Schnee liegen, kontinentaler Schneematsch ist völlig unbekannt. Dennoch oder vielleicht genau deshalb reicht eine kleine Schicht Schnee, und das öffentliche Leben in der Metropole kommt zum Erliegen. Flugzeuge starten und landen nicht mehr. Vorortzüge, die wochentags Millionen Berufspendler in die Stadt bringen, haben mehr Verspätung, als wir das von unserer Bahn gewöhnt sind. Busse fahren laaangsam oder fallen gleich ganz aus. Selbst die Tube, die viele Meter unter der Erde gar nicht vom Wetter betroffen sein sollte, gibt sich betroffen. Verregnete Sommer und sturmumtosten Frühling ertragen Londoner mit der »steifen Oberlippe«, die ihnen nachgesagt wird. Aber bei Schnee strecken sie die Waffen. Es sei denn, wie bereits erwähnt, er ist nicht echt. Dann finden sie ihn hinreißend.

Und was hat das alles mit Fortnum & Mason zu tun? Nun, kaum etwas symbolisiert Weihnachten so sehr wie die saisonalen Fensterauslagen des Nobelkaufhauses. Tagelang wird mit großer Geheimniskrämerei hinter verhüllten Fassaden die Weihnachtszeit mit zauberhaften, verspielten winterlichen Wunderlandschaften zelebriert, jedes Jahr neu. Die Eröffnung der Fenster wird in den Tageszeitungen und Abendnachrichten kommentiert. Natürlich ist Fortnum & Mason immer einen Besuch wert, aber der nun gezündete Mix aus Pracht und Gemütlichkeit ist unvergleichlich englisch. Auf fünf Etagen leuchtet, glitzert und glänzt es. Es gibt die berühmten Fresskörbe zu bestaunen, die kunstvoll gestapelten Teedosen, die Marmeladen, den Honig. Eine Sorte stammt vom Dach des Hauses. Hoch über der Stadt machen es sich Bienen in stilvollen kleinen Bienenhäusern, gestrichen in der Hausfarbe Eau de Nil, gemütlich und schwirren fleißig in die nahe gelegenen Parks und sogar die Gärten von Buckingham Palace aus. Im vierten Stock, den einstigen Wohnräumen der Familie Fortnum, werden im Tea Salon verschiedene Afternoon Teas serviert. Selbst einer für Kinder zwischen vier und zehn Jahren ist dabei, dem Zeitgeist ist eine vegane Variante geschuldet, und auch wer auf Gluten oder Milchprodukte verzichten möchte, muss deshalb nicht auf den Afternoon Tea verzichten.

CORONATION CHICKEN

FÜR ETWA 750 G

FÜR DIE FÜLLUNG

1 EL geschmacksneutrales
   Pflanzenöl
1 Schalotte
1 TL Currypulver
1 TL Tomatenmark
150 ml leichter Rotwein
1 Lorbeerblatt
Salz
schwarzer Pfeffer aus der
   Mühle
1 unbehandelte Zitrone
4–5 getrocknete Aprikosen
300 g Mayonnaise
80 g Sahne
500 g gegartes
   Hühnchenfleisch

AUSSERDEM

Salatblätter oder Toast-
   scheiben zum Servieren

Das Öl in einer Pfanne erhitzen. Die Schalotte abziehen, fein hacken und darin bei niedriger Temperatur in etwa 8 Minuten glasig anschwitzen. Dann das Currypulver sowie das Tomatenmark einrühren. Mit dem Rotwein und 150 ml heißem Wasser ablöschen. Die Sauce salzen und pfeffern. Die Zitrone waschen, hälften, eine Hälfte in Scheiben schneiden, die andere auspressen. Die Scheiben in die Sauce einlegen und gut durchrühren. Alles bei niedriger Temperatur ohne Deckel 10 Minuten köcheln lassen. Anschließend die Sauce abseihen und abkühlen lassen.

Dann die Aprikosen fein hacken und unterrühren, bis die Sauce eine feine Süße hat. Die Sahne leicht aufschlagen. Die Mayonnaise und die Sahne unterziehen. Das Hühnchenfleisch leicht zerzupfen und untermengen. Zuletzt die Mischung mit dem Zitronensaft, Salz und Pfeffer abschmecken.

Als schicken Lunch für etwa 8 Personen auf Salatblättern servieren. Als Sandwichfüllung für einen großen Brunch für etwa 10 Sandwiches. Für 4 Personen die Zutaten halbieren. Nach Belieben noch mit etwas Currypulver nachwürzen.

FORTNUM & MASON

Anlässlich der Krönung der Königin im Jahr 1953 machte sich die Gründerin der Kochschule Cordon Bleu, Rosemary Hume, an die Arbeit und erfand zusammen mit ihrer Kollegin Constance Spry, einer bekannten Floristin, das Coronation Chicken. Als Sandwichfüllung gehört das »Krönungshuhn« bis dato zu einem klassischen Afternoon Tea bei Fortnum & Mason. Currypulver ist eine wichtige Zutat, immerhin führte der Vater der Queen,

Georg VI., bis 1948 den offiziellen Titel Kaiser von Indien.

Es gibt hauseigenen Honig, der von den Dächern von Fortnum & Mason stammt. Stilecht sind die Bienen in kleinen Palästen untergebracht. Denn sie sammeln ihre Nahrung in den nahe gelegenen hochherrschaftlichen Parks und umfliegen auf der Nahrungssuche bestimmt auch Buckingham Palace.

MINCE PIES
Apfel-Pies

FÜR ETWA 24 STÜCK/FÜR 1 24ER-MUFFINFORM

Bitte die Ruhezeit von 24 Stunden vor dem Backen beachten!

FÜR DIE FÜLLUNG
1 Kochapfel (z. B. Sorte Boskop)
1 Banane
60 g Butter
90 g Sultaninen
90 g Rosinen
90 g Korinthen
1 Pck. Orangeat (ca. 100 g)
50 g gehackte Mandelkerne
fein abgeriebene Schale von 1 unbehandelten Zitrone
1 TL Pimentpulver
4 Gewürznelken
1 Msp. Zimtpulver
2 EL Brandy
100 g brauner Zucker

FÜR DEN TEIG
350 g Weizenmehl Type 405 + mehr zum Arbeiten
1 TL Salz
180 g zimmerwarme Butter oder Nierentalg + mehr für die Form (bei Bedarf)
1 Eigelb

AUSSERDEM
50 ml Milch
60 g Puderzucker

Für die Füllung den Apfel waschen, vierteln, entkernen und hacken. Die Banane schälen und ebenfalls hacken. Die Butter zerlassen. Die vorbereiteten mit den restlichen Zutaten verrühren. Die Füllung abgedeckt 24 Stunden durchziehen lassen.

Für den Teig das Mehl und das Salz in einer Rührschüssel vermengen. Die Butter in Flocken untermischen. Das Eigelb mit einer Eierschale Eiswasser verquirlen und unter die Mehl-Butter-Masse rühren, bis ein glatter Teig entsteht. Den Teig abgedeckt 24 Stunden kalt stellen.

Den Backofen auf 190 °C Ober-/Unterhitze vorheizen. Die Muffinform bei Bedarf einfetten. Den Teig halbieren und beide Hälften auf einer bemehlten Arbeitsfläche ausrollen. Mit einem Ausstecher 24 Kreise (4–5 cm Ø) ausstechen und diese in die Muffinmulden einpassen. Die Füllung mit einem Löffel in den Mulden verteilen. Aus dem restlichen Teig dekorative Deckel ausstechen (Sterne sind traditionell). Die Deckel auf die Füllung setzen und mit der Milch bestreichen.

Die Pies im Ofen auf der mittleren Schiene in 20 Minuten goldbraun backen. Anschließend in der Form abkühlen lassen. Vor dem Servieren mit dem Puderzucker bestreuen.

▶ *Mince Pies sollten einige Tage durchziehen. Ihr Name (mince heißt Hackfleisch) bezieht sich nicht auf die Füllung, sondern auf den traditionell verwendeten Nierentalg im Teig. Den schmecken Sie nicht, er macht die Pies nur schön saftig.*

CHRISTMAS PUDDING MIT BRANDY-BUTTER

FÜR ETWA 14 PERSONEN

FÜR DEN PUDDING

1 große Karotte
1 unbehandelte Zitrone
1 unbehandelte Orange
500 g brauner Zucker
500 g frisch gemahlene
    Semmelbrösel
80 g gemahlene Mandelkerne
80 g kandierte
    Cocktailkirschen
500 g Korinthen
250 g Rosinen
250 g Sultaninen
2 EL Mehl
1 TL Zimtpulver
1 TL Muskatnusspulver
1 TL Gewürznelkenpulver
7 Eier
125 ml Guinness-Bier
200 ml Whiskey
Butter für die Form(en)

FÜR DIE BRANDY-BUTTER

200 g Butter
1 TL Salz
150 g Puderzucker
80 ml Brandy

Für den Pudding den Backofen auf 100 °C Ober-/Unterhitze vorheizen. Die Karotte waschen, schälen und fein raspeln. Die Zitrone und Orange waschen, die Schale fein abreiben, den Saft auspressen. Alles verrühren und dann die restlichen Zutaten untermengen. Eine große Auflaufform, Einzelformen oder eine Kastenform einbuttern. Die Mischung einfüllen.

Je nach verwendeter Backform ein Backblech oder einen passenden Topf zu zwei Dritteln mit heißem Wasser befüllen. Die Form(en) in dieses Wasserbad stellen und bei Bedarf mit Alufolie abdecken. Den Pudding im Ofen 5 Stunden garen. Dann den Ofen ausschalten und die Form(en) darin abkühlen lassen.

Anschließend den Pudding an einem kühlen, dunklen Ort mindestens 6 Wochen ruhen lassen. Vor dem Servieren 1 Stunde im Wasserbad wie zuvor beschrieben durchwärmen.

Für die Brandy-Butter alle Zutaten verrühren und die Masse bis zum Anrichten kalt stellen. Den warmen Christmas Pudding in Stücke schneiden und zusammen mit etwas Brandy-Butter als Topping servieren.

▶ *Er ist köstlich, hat allerdings nichts mit dem Pudding zu tun, den wir als Nachtisch kennen. Eine Schnitte Christmas Pudding – und Sie sind satt. Er wird im Wasserbad zubereitet, 6 Wochen Kühlzeit nach dem Garen ist Minimum. Der Pudding ist pechschwarz und lässt sich weihnachtlich sehr hübsch dekorieren, mit Cranberrys, Efeublättern oder einem dicken Puderzuckerguss. Die Brandy-Butter dazu schmeckt herrlich.*

EINMAL IM LEBEN IM RITZ

Vielleicht kennen Sie das Wort *ritzy*? Man könnte es mit nobel und elegant übersetzen, aber auch mit protzig. Natürlich verdankt das Wort seine Entstehung den Ritz Hotels. Und das Londoner Ritz Hotel, direkt am St. James's Park gelegen, dürfte *the most ritzy* sein.

Sobald man die riesige Eingangshalle betritt, der Blick auf Marmorsäulen fällt, auf unzählige Lüster und tiefe Teppiche, lässt sich der Luxus förmlich erschnuppern. Und es wird auch klar, warum das Hotel Wert auf einen Dresscode legt. Der Ausblick auf Bermuda-Shorts (dazu behaarte Beine) und Turnschuhe ist sonst schon nicht so appetitlich, doch hier würde wohl jeder sich insgeheim wünschen, dass derart Gekleidete mal shoppen gingen, beispielsweise in der oben beschriebenen Jermyn Street.

THE RITZ RESTAURANT

THE RITZ

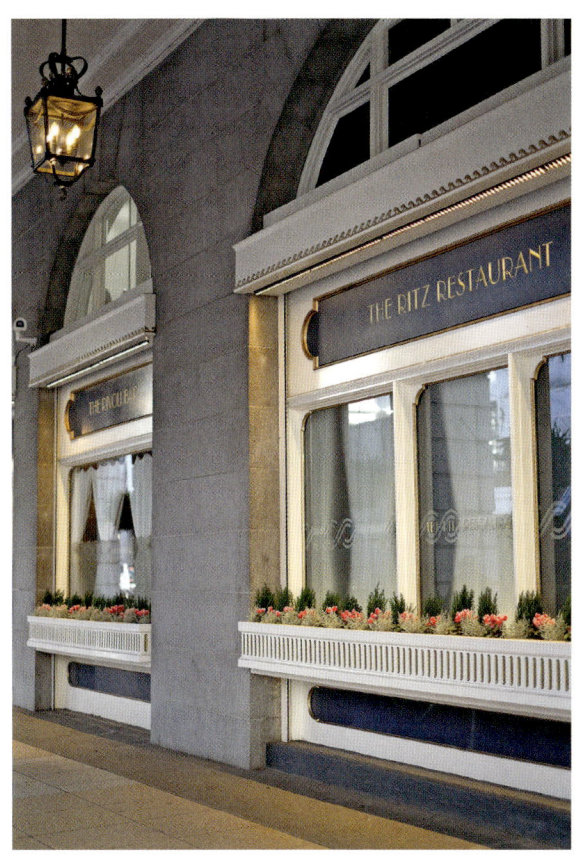

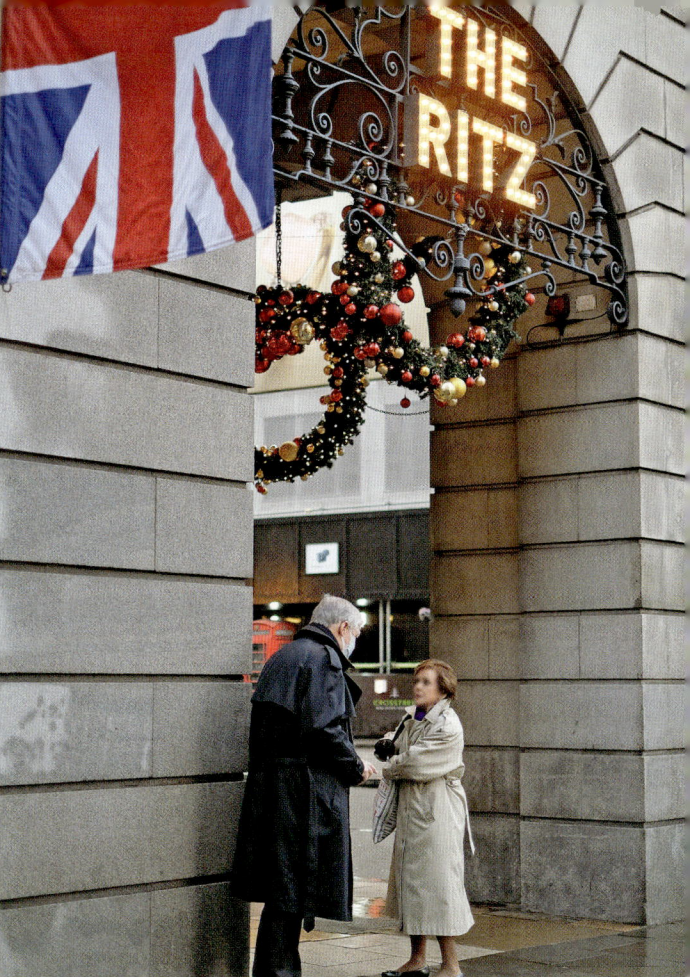

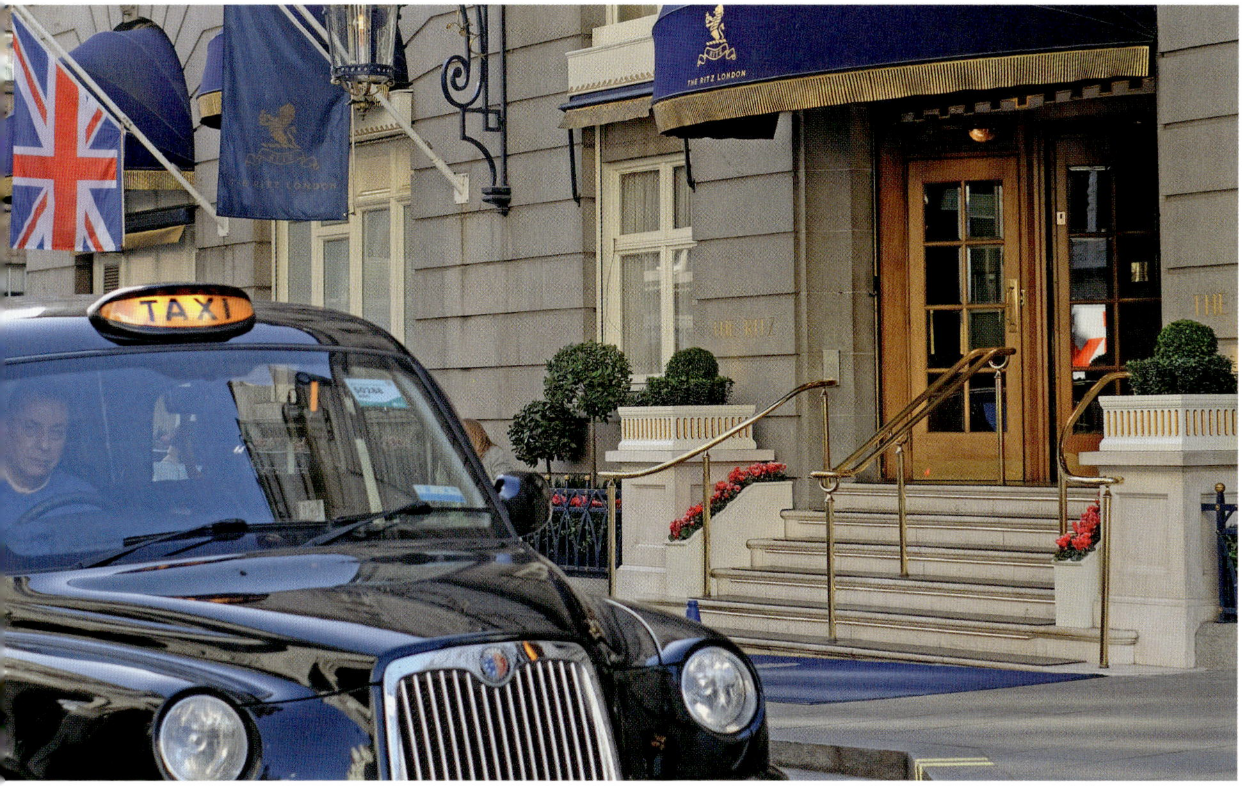
TAXI

AROMATIC NAGE OF DUBLIN BAY PRAWNS

Kaisergranat in Nage

FÜR 4 PERSONEN

FÜR DIE COURT-BOUILLON

1 Zwiebel
1 Stange Lauch
1 Stange Bleichsellerie
1 Knolle Fenchel
1 Karotte
½ unbehandelte Zitrone
1 Bouquet garni
1 TL Fenchelsamen
1 Sternanis
5 schwarze Pfefferkörner
1 EL Weißweinessig
1 ½ EL Weißwein

FÜR DIE KAISERGRANATE

12 küchenfertige Kaisergranate
   mit Schale

FÜR DAS BLUMENKOHLPÜREE

30 g Butter
120 g Blumenkohl
120 g Konditorsahne
   (35 % Fettgehalt)
120 ml Milch
Salz
schwarzer Pfeffer aus der
   Mühle

FÜR DAS BLANCHIERTE GEMÜSE

4 Babykarotten
20 g frische Perlzwiebeln
30 g Sellerieknolle
30 g Fenchelknolle
Salz

FÜR DIE NAGE

1 Schalotte
50 g Butter
1 Lorbeerblatt
1 Sternanis
40 ml Vermouth
100 ml Hühnerbrühe
1 EL Gemüsepaste
   (Fertigprodukt)
2 EL Sahne
1 Msp. Piment d'Espelette
Meersalzflocken
1 Stängel Kerbel
2 Stängel Schnittlauch
10 Stängel Estragon
½ Zitrone

AUSSERDEM

Bronzefenchel oder Fenchel-
   grün zum Garnieren
Liebstöckelkresse zum
   Garnieren

Für die Bouillon die Zwiebel abziehen. Lauch, Sellerie, Fenchel, Karotte waschen (den Lauch zweimal), putzen und die Karotte schälen. Alles hacken. Die Zitrone waschen und in feine Scheiben schneiden. Das Gemüse mit 1 l Wasser aufsetzen. Gewaschene Kräuter, Gewürze und Essig zugeben. Alles einmal aufwallen und dann 20 Minuten köcheln lassen. Danach den Topf vom Herd nehmen, die Zitronenscheiben in die Bouillon einlegen und 15 Minuten ziehen lassen.

Für den Kaisergranat anschließend die Zitronenscheiben entfernen. Die Bouillon erhitzen, die Krustentiere einlegen und 2 Minuten kochen. Dann herausnehmen, schälen und beiseitestellen. Die Schalen aufbewahren.

Für das Püree die Butter in einem Topf bei niedriger Temperatur zerlassen. Inzwischen den Blumenkohl waschen, putzen, ganz fein hacken und in der Butter bei niedriger Temperatur 5 Minuten anschwitzen. Dann die Sahne und die Milch angießen. Alles köcheln lassen, bis der Blumenkohl weich ist. Salzen, pfeffern und fein pürieren. Bei Bedarf noch etwas köcheln lassen, bis die Masse eine püreeartige Konsistenz hat.

Für das Gemüse die Karotten waschen, schälen und die Zwiebeln abziehen. Den Sellerie waschen, putzen und in feine Streifen schneiden. Den Fenchel waschen, putzen und in feine Scheiben schneiden. Salzwasser in einem Topf aufkochen und sofort das

Gemüse einlegen. Erneut aufkochen und das Gemüse im wallenden Wasser 1 Minute garen. Dann abgießen, mit kaltem Wasser abschrecken, abtropfen lassen und beiseitestellen.

Für die Nage die Schalotte abziehen und fein hacken. Die Hälfte der Butter in einer schweren Pfanne zerlassen. Die Schalotte mit den Kaisergranatschalen, Lorbeerblatt und Sternanis darin bei mittlerer Temperatur 5 Minuten anschwitzen. Mit dem Vermouth ablöschen und einige Minuten köcheln lassen, bis eine sirupartige Konsistenz entsteht. Dann die Hühnerbrühe und Gemüsepaste unterrühren. Bei niedriger Temperatur 15 Minuten köcheln lassen.

Anschließend die Sahne einrühren. Die restliche Butter in Flocken schneiden und die Sauce damit abbinden, bis sie fester wird. Mit Salz und Piment d'Espelette abschmecken. Die Kräuter waschen, trockentupfen, fein hacken und unterrühren.

Alles mit einigen Zitronenspritzern aromatisieren und mit einem großen Schneebesen schaumig aufrühren. Zuletzt das blanchierte Gemüse einlegen.

Zum Servieren das Püree auf vier tiefe Teller verteilen, darauf den Kaisergranat und die Gemüse anrichten. Etwas Nage angießen und mit Fenchel und Kresse garnieren.

MAYFAIR

Was haben Jimi Hendrix und Georg Friedrich Händel gemeinsam? Sie wohnten Tür an Tür in Mayfair, natürlich jeweils in einem anderen Jahrhundert. Heute dreht sich in diesem äußerst exklusiven Distrikt vieles um Mode. Für sehr moderne, fast nicht mehr tragbare Mode, was sowohl preislich als auch geschmacklich gemeint ist, bieten sich South Molton Street und Mount Street an. Eleganter und gediegener ist die **Burlington Arcade**, die den schönsten Schutz vor einem Regenschauer bietet und ihre eigene Polizei beschäftigt, die an der Pelerine zu erkennen ist. Die **Bond Street** ist geprägt von internationalen Designern und Juwelieren, die **Oxford Street** ist was fürs schnelle Shoppingglück. In Mayfair stehen die **Prachthotels Connaught, Claridge's,**

Dorchester. Ihr Afternoon Tea ist eine durchaus kostspielige Angelegenheit, dafür bekommt man für etwa 100 Euro nicht nur Tee, Häppchen und Champagner, sondern taucht gleichzeitig in herrlichen Luxus ein. Das Connaught betreibt nebenan übrigens eine Patisserie, die eingerichtet ist wie eine elegante Bonbonniere und handgemachte Naschereien zu erschwinglicheren Preisen anbietet. Natürlich lässt es sich in diesen Hotels außerdem vorzüglich und standesgemäß zum Lunch speisen. Wer es lieber weniger plüschig und dekoriert mag, genießt den Flair des Viertels im **Metropolitan Hotel**. Und wer eigentlich von einem offenen Kamin träumt, der geht für den Afternoon Tea ins **Brown's Hotel** und probiert ein erstaunlich buntes Gebäck, den zweifarbigen Battenberg Cake (siehe Seite 50).

Connaughty Hound
Ivana Chocolate Mousse,
Hazelnut Praline
£11 + 16

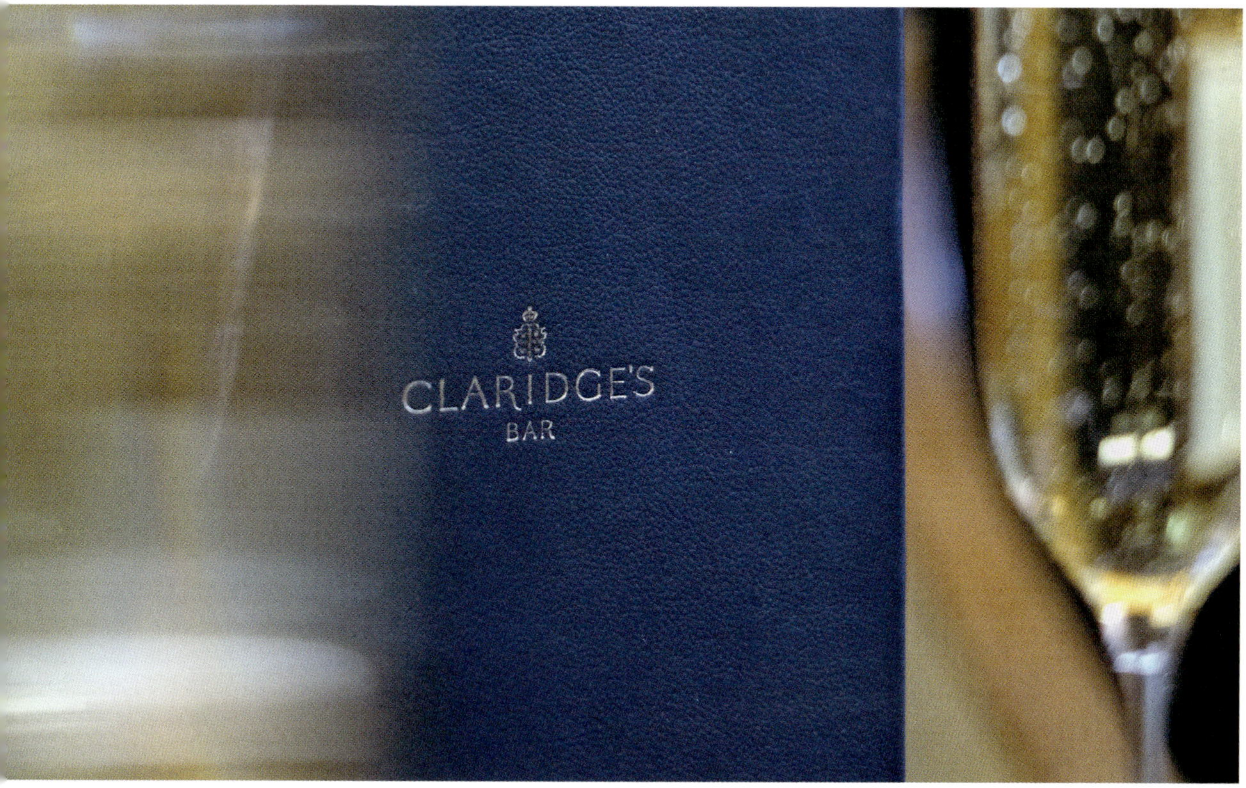

CLARIDGE'S
BAR

AFTERNOON TEA IM BROWN'S HOTEL

Gemütlichere Nachmittage als im Brown's Hotel werden Sie nirgendwo verbringen. Ich spule kurz zurück zu den Anfängen dieser Institution: Die 7. Gräfin Bedford, eine Dame namens Anna, verspürte am Nachmittag ein Hüngerchen, im Jahre 1840 gegen 16 Uhr. So legte sie den Grundstein für den Afternoon Tea. Und der 4. Earl of Sandwich musste sich bei Kartenspielexzessen dringend stärken, ohne den Spieltisch zu verlassen, und erfand etwa 100 Jahre vorher das dazu erforderliche Sandwich. So, nun lesen Sie auch hier die Informationen – einfach der Vollständigkeit halber –, die Ihnen jede Website der Hotels in London liefert, die Afternoon Tea anbieten.

Doch solche Informationen vermitteln natürlich nicht den wahren Zauber dieses Teas, wenn er in einem stimmigen Umfeld stattfindet. Dann stärkt er Körper, Geist, Seele und befriedigt den Wunsch nach Schönheit. Der holzverkleidete Salon, auf Englisch *drawing room*, des Brown's Hotel ist ein solches Umfeld. Er punktet nicht mit Prachtentfaltung, sondern einem exquisiten Gespür für Eleganz. Kein Wunder, dass Königin Victoria hier, nur wenige Gehminuten vom Gewusele von Piccadilly Circus, Stammgast war. Holzverkleidete Wände, bequemes Mobiliar, eine ausführliche Tee- und Champagnerkarte, schöne Leckereien, ein aufmerksames Personal, Ruhe und ein Kamin – da ist es nur natürlich, dass sich hier auch gerne Geschäftsleute treffen, um mal in gepflegtem Ambiente übers Business zu sprechen. Nach 17 Uhr ist ein Afternoon Tea für Insulaner übrigens vorbei. Wer dann noch Durst hat, geht schon mal vor in den Pub.

BATTENBERG CAKE

FÜR ETWA 24 STÜCKE

FÜR DEN GELBEN BISKUITTEIG

200 g Butter + mehr für die
    Formen
200 g Zucker
4 Eier
150 g Weizenmehl Type 405
1 Pck. Backpulver
50 g Mandelmehl
1 TL Mandelextrakt
    (Fertigprodukt)

FÜR DEN ROSA BISKUITTEIG

200 g Butter
200 g Zucker
4 Eier
150 g Weizenmehl Type 550
1 Pck. Backpulver
50 g Mandelmehl
rosa Lebensmittelfarbe

AUSSERDEM

250 g Aprikosenkonfitüre
3 EL Puderzucker
2 Pck. (400 g)
    Marzipanrohmasse

Den Backofen auf 180 °C Ober-/Unterhitze vorheizen. Zwei quadratische Backformen (ca. 22 x 22 cm) einfetten und bei Bedarf mit Backpapier auskleiden.

Die zwei Biskuitteige getrennt nach der gleichen Methode zubereiten: Die Butter mit dem Zucker in einer Rührschüssel schaumig schlagen. Die Eier nacheinander unterrühren und so lange schlagen, bis die Masse deutlich aufhellt und an Volumen zunimmt. Das Weizenmehl mit dem Backpulver und dem Mandelmehl vermengen und unter die Masse rühren. Den gelben Teig mit Mandelextrakt, den rosa Teig mit Lebensmittelfarbe versetzen (es darf schon recht rosa werden). Die Teige in die vorbereiteten Backformen gießen und die Biskuits im Ofen auf der mittleren Schiene 20 Minuten backen. Dann mit einem Holzspieß die Stäbchenprobe machen. Wenn noch Teig am Spieß kleben bleibt, die Biskuits weitere 5 Minuten backen.

Die fertig gebackenen Biskuits aus der Form lösen und abkühlen lassen. Dann 1 Stunde kalt stellen, damit sie etwas fester werden (das erleichtert später das akkurate Zuschneiden). Zuletzt die Ränder und Oberfläche der Biskuitteige glätten und aneinander angleichen.

Die Aprikosenkonfitüre erwärmen und etwas davon auf dem gelben Biskuitteig verstreichen. Den rosa Biskuitteig daraufsetzen und fest andrücken. Den zusammengesetzten Kuchen in Streifen schneiden, die der Höhe der einzelnen Biskuits entsprechen. Für ein einfaches Schachbrettmuster (das Bild zeigt ein komplexes) die Streifen so nebeneinander anordnen, dass einmal die gelbe, einmal die rosa Schicht oben liegt. Die oberen Schichten mit etwas Aprikosenkonfitüre bestreichen. Zum Festwerden 30 Minuten kalt stellen.

Den Puderzucker auf eine Arbeitsfläche sieben. Das Marzipan darauf auf etwa 0,5 cm Dicke ausrollen und dann so zuschneiden, dass der Kuchen in das Marzipan eingehüllt werden kann. Die Marzipanplatte auf einer Seite mit der restlichen Aprikosenkonfitüre bestreichen. Den Biskuitkuchen am unteren Ende der Platte auf das Marzipan legen. Das Marzipan darumrollen, bis der gesamte Biskuitteig von Marzipan umhüllt ist. Vor dem Servieren nochmals kalt stellen.

▶ *Für diesen sehr süßen kleinen Kuchen eignet sich als Begleitung ein herzhafter schwarzer Tee besser als beispielsweise ein zarter Darjeeling. Mein Tipp:* builder's tea, *wie ihn die Bauarbeiter gerne mit Milch und Zucker trinken. Er besteht aus Assam-Tee.*

CHOCOLATE NEMESIS CAKE

FÜR 1 SPRINGFORM (24–26 CM Ø)/FÜR ETWA 8 STÜCKE

5 Eier
250 g Zucker
350 g Bitterschokolade
  (70 % Kakaoanteil)
250 g Butter
Crème fraîche zum Servieren

Den Backofen auf 130 °C Ober-/Unterhitze vorheizen. Die Eier mit 150 g Zucker mit dem Handmixer so lange schlagen, bis sich das Volumen mindestens verdreifacht hat (das dauert etwa 10 Minuten).

Inzwischen die Schokolade hacken. Wasser in einem Topf für ein Wasserbad erhitzen. Dann die Schokolade mit der Butter so lange über dem heißen Wasserdampf köcheln lassen, bis beides geschmolzen ist. Anschließend glatt verrühren.

Den restlichen Zucker mit 100 ml Wasser in einer kleinen Pfanne erwärmen und so lange unter mehrfachem Umrühren köcheln lassen, bis sich ein Sirup bildet. Diesen unter die Schokomasse rühren. Den Topf mit dem Wasserbad vom Herd nehmen und die Schokomasse etwas abkühlen lassen.

5 EL der Eiermischung unter die Schokomasse rühren, um sie noch mehr abzukühlen. Dann die Schokomasse unter die Eiermischung ziehen und mit dem Handmixer bei hoher Geschwindigkeit einarbeiten (dabei verliert die Eiermischung etwas an Volumen).

Die Springform mit Backpapier auslegen. Eine größere Backform in den Backofen stellen, die Springform in die größere Form stellen. Heißes Wasser an den Seiten der größeren Backform bis etwa zu zwei Dritteln der Höhe der Form angießen. Den (recht flüssigen) Teig in die Springform gießen. Den Kuchen im Wasserbad stehend im Ofen mindestens 1 ½ Stunden backen, bis er fest ist.

Anschließend den Kuchen in der Form bei Zimmertemperatur abkühlen lassen – nicht kühlen, sonst verliert er seine Fluffigkeit. Mit Crème fraîche garniert servieren.

THE DORCHESTER – THE GROSSE ALTE DAME DES LUXUSHOTELS

Über 90 Jahre gehört das Dorchester Hotel zu den prestigeträchtigsten und elegantesten Hotels der Welt. Hier kam und kommt die ganze Welt vorbei. Im Zweiten Weltkrieg schlug der General Dwight Eisenhower, der Oberbefehlshaber der US-amerikanischen Streitkräfte, hier seine Zelte (naja) auf. Wer wirklich Geld hatte, belegte, wie Lord und Lady Halifax, nicht nur eine, sondern sieben Suiten und funktioniere eine davon zur Kapelle um. Königin Elizabeth II. und ihre Schwester Margaret waren gerne zu Gast, Prinz Philip verbrachte hier die Nacht vor der Hochzeit. Aber das Dorchester ist nicht spießig und schon gar nicht langweilig, immerhin ist das einstige Supermodel Kate Moss ebenfalls ein großer Fan. Natürlich hat das Hotel auch eine Dachgartenbar, die sich perfekt für einen Sundowner eignet (bitte unbedingt reservieren).

THE METROPOLITAN: ROOM SERVICE WITH A VIEW

Vor 20 Jahren standen die Paparazzi Schlange vor dem Nachtclub im Metropolitan Hotel, denn Prince Harry fiel mit schöner Regelmäßigkeit im Morgengrauen aus Besagtem und ihnen in die Arme. Das Hotel hat sich seitdem wenig verändert, der gleiche betont schlichte Stil in der Inneneinrichtung, der gleiche perfekte Service, der gleiche Traumblick. Vom Fenster schauen Sie nämlich direkt auf das prächtig verzierte Queen Elizabeth Gate, das in den **Hyde Park** führt. Wenn Sie davon träumen, sich mal richtig schick vom Room Service was aufs Zimmer bringen zu lassen … ich empfehle den Toast. Natürlich nicht irgendeinen, sondern den »echten« – sehr gesunden – Toast des Hotels, der mit normalem Toastbrot gar nichts zu tun hat. Oder das Club Sandwich, eine wunderbare Alternative dazu.

REAL TOAST
Echter Toast

FÜR 3 PERSONEN

FÜR DEN TOAST

400 g blanchierte
    Mandelkerne
60 g Leinsamen
60 g Sonnenblumenkerne
½ rote Paprikaschote
½ gelbe Paprikaschote
1 Salatgurke
2 Karotten
1 roter Apfel
1 Knoblauchzehe
Meersalz
weißer Pfeffer aus der Mühle

FÜR DEN AVOCADO CRUSH

2 reife Avocados
½ Zitrone
½ TL Meersalz
¼ TL schwarzer Pfeffer aus der
    Mühle
einige Spritzer Tabascosauce

FÜR DAS ZITRONENDRESSING

60 ml frisch gepresster
    Zitronensaft
60 ml Olivenöl extra vergine
Meersalz
weißer Pfeffer aus der Mühle

FÜR DEN BELAG

250 g Avocado Crush (Rezept
    siehe oben)
2 erntereife, aromatische
    Tomaten
½ Salatgurke
15 g gemischte Kräuter
2 EL Zitronendressing (Rezept
    siehe oben)

Für den Toast Mandeln, Leinsamen und Sonnenblumenkerne in separate Schüsseln geben, jeweils mit Wasser bedecken und 2 Stunden einweichen. Die Paprika waschen und putzen. Gurke, Karotten und Apfel waschen und schälen, den Apfel entkernen. Das Gemüse und den Apfel durch einen Extraktor geben, es sollten etwa 300 g Pulpe entstehen (**Tipp:** Dabei den Saft auffangen und trinken).

Den Knoblauch abziehen, fein hacken und mit der Pulpe in einen Zerkleinerer geben. Die Mandeln, Samen und Kerne abgießen und hinzufügen. Alles im Zerkleinerer so lange verarbeiten, bis eine grobe Paste entsteht. Diese salzen und pfeffern.

Die Paste dritteln, zu Toastscheiben formen und im Dehydrator nach Herstellerangabe pro Seite etwa 8 Stunden trocknen. Alternativ im Backofen bei 60 °C Ober-/Unterhitze etwa 5 Stunden dörren.

Für den Crush das Fruchtfleisch der Avocados auslösen und in einer Schüssel zerdrücken. Die Zitrone auspressen, den Saft unterrühren und den Crush mit den restlichen Zutaten abschmecken. Die Avocadokerne zugeben (das verhindert die Verfärbung), eine Frischhaltefolie direkt auf die Creme drücken, sodass kein Sauerstoff daran gelangen kann (auch das verhindert das Verfärben), und den Crush bis zur Verwendung kalt stellen.

Für das Dressing den Zitronensaft mit dem Olivenöl in einer Schüssel mit einem Schneebesen verrühren, bis die Flüssigkeiten emulgieren. Dann salzen und pfeffern.

Für den Belag die Tomaten waschen und in Scheiben schneiden. Die Gurke waschen und in Streifen schneiden. Die Toastbrote zuerst mit dem Avocado Crush bestreichen, dann mit den Tomatenscheiben und Gurkenstreifen belegen. Die Kräuter waschen, trockenschütteln und über den belegten Toast streuen. Mit dem Zitronendressing beträufeln und gleich servieren.

EGG CRESS SANDWICH
Eier-Kresse-Sandwich

FÜR 4 SANDWICHES

8 Eier
1 Bananenschalotte
½ Bund Brunnenkresse
2 EL Mayonnaise
Salz
schwarzer Pfeffer aus der
    Mühle
8 Scheiben Lieblingsbrot ohne
    Kruste
4 EL Butter

Die Eier nebeneinander in einen großen Topf legen, mit kaltem Wasser bedecken, einmal aufkochen lassen und dann 8 Minuten sprudelnd garen. Danach abschrecken, pellen und mit einem Messer fein hacken.

Die Schalotte abziehen und fein hacken. Die Brunnenkresse waschen, trockentupfen und die Blättchen abzupfen. Die Schalotte mit der Mayonnaise unter die gehackten Eier rühren, bis eine festere Masse entsteht. Diese salzen und pfeffern.

Die Brote auf einer Seite buttern. Vier mit dem Eiersalat belegen, mit Kresse bestreuen und mit den restlichen Scheiben bedecken. Die Sandwiches fest zusammendrücken, mit einem scharfen Messer nach Wunsch aufschneiden und servieren.

▶ *Die einfachsten Dinge schmecken dann am besten, wenn die Grundzutaten von höchster Qualität sind. Sternekoch Adam Smith Dorchester Hotel empfiehlt für dieses Sandwich Eier von frei laufenden Hühnern und eine sehr gute Mayonnaise. Kleine Warenkunde zum Rezept: Bananenschalotten heißen so wegen ihrer länglichen Form. Sie sind eine Kreuzung aus Zwiebel und Schalotte und besonders aromatisch. Die großblättrige Brunnenkresse hat einen viel würzigeren Geschmack als herkömmliche Kresse. Mittlerweile findet man dieses in England oft verwendete Kraut zunehmend auf deutschen Wochenmärkten. Brunnenkresse lässt sich aus Samen auch selbst ziehen.*

SOHO

Einst ein Jagdrevier für Tiere, wurde Soho später ein Jagdrevier für hübsche Damen, junge Männer und Herren, die nach beidem auf der Pirsch waren. Ende der 1950er-Jahre war es, nicht unähnlich der Hamburger Reeperbahn, zu einer unappetitlichen Ecke verkommen, nicht sinnlich, sondern kriminell. Aber ein Merkmal jeder Metropole ist, sich immer wieder neu erfinden zu können.

In Soho, begrenzt von der Shaftesbury Avenue im Osten, der Regent Street im Westen und der Oxford Street im Norden, begründete sich in den 1960er-Jahren der Weltruhm der Stadt als *swinging London*. Mode und Musik prägten das Viertel. In den 1980er-Jahren hatte sich die Filmbranche angesiedelt. Heute ist Soho eine Ausgeh- und Entertainmentmeile, mit vielen Theatern, Restaurants, Bars. Und mit Liberty's. Viele Engländer gehen lieber hier als bei Harrods einkaufen.

Liberty of London (oder Liberty's) wurde 1924 im Tudorstil errichtet. Es verzaubert außen mit seiner Fachwerkfassade und innen mit den atmosphärisch knarzenden, blank gewienerten Dielenböden.

Ein ganzes Department im sechsstöckigen Gebäude ist den hauseigenen Stoffen gewidmet. Liberty's zeichnet sich durch einen außergewöhnlichen und sehr eigenen Geschmack aus, unterstützt einerseits moderne Designer sehr, ist aber andererseits verwurzelt in typisch englischen Kunstrichtungen wie den Präraffaeliten und Art Nouveau, der englischen Variante des Jugendstils. Ein Afternoon Tea im zum Haus gehörigen **Arthur's Café** ist besonders bei englischem Schmuddelwetter sehr gemütlich und reißt kein Loch in Ihre Reisekasse. Scones sind natürlich als Beigabe zum Tee gesetzt. Ausgesprochen werden sie übrigens »skons«, nicht »skohns«.

SCONES

FÜR 10 STÜCK

250 g Buttermilch
80 g Zucker
400 g Weizenmehl Type 405
  + mehr zum Arbeiten
1 TL Backpulver
100 g eiskalte Butter

Den Backofen auf 220 °C Ober-/Unterhitze vorheizen. Ein Backblech mit Backpapier auslegen.

Die Buttermilch leicht erwärmen. Dann den Zucker unterrühren.

Das Mehl mit dem Backpulver in einer Schüssel vermengen. Die Butter würfeln und mit den Fingern unter das Mehl reiben, bis Krümel entstehen. Die Buttermilchmischung portionsweise unterrühren, das geht am besten mit einem Messer.

Den Teig in zehn Stücke teilen. Diese auf einer bemehlten Arbeitsfläche zu Kugeln rollen und auf dem Backblech verteilen.

Die Scones im Ofen auf der mittleren Schiene in 10–15 Minuten goldbraun backen, bis sie aufgegangen sind. Anschließend warm servieren.

▶ *Wie Sie sehen, kommt dieses Rezept ohne Sultaninen aus. Das liegt einfach daran, dass ich nicht gerne auf die Dinger im Teig beiße. Meist wird jedoch beim Afternoon Tea je ein Scone mit und einer ohne Sultaninen gereicht. Rechnen Sie für die Teigmenge 50 g Sultaninen, die Sie einfach mitverarbeiten.*

COVENT GARDEN

Das ist das Viertel, auf das sich die ganze Familie einigen kann. An der atmosphärischen Piazza unterhalten Künstler und Lebenskünstler. Auf zwei Stockwerken kann man shoppen, essen, sitzen und gucken. Das London Transport Museum ist spannend gemacht. **Neal's Yard**, in den 1970er-Jahren mal ein Hippie-Himmel, ist noch heute quietsche-bunt gestrichen, verkauft Öko-Kosmetik, Pizzen und in der Neal's Yard Dairy hervorragenden Käse. Aber London wäre nicht London, würde nicht unweit dieses Überbleibsels aus einer anderen Zeit ein noch viel älteres Überbleibsel stehen, das **Restaurant Rules**.

Das Rules ist so sehr von englischen Traditionen geprägt, dass man es für eine amerikanische Erfindung halten könnte. Es stammt aus dem Jahr 1798 und steht seitdem am gleichen Stand-ort in der Maiden Lane. Stammgast Graham

Greene verewigte es in seinem Roman »Das Ende einer Affäre«, Hollywoodstars gingen ein und aus, kein Wunder, dass Inhaber John Mayhew sich und sein Team als »Kuratoren« sieht, die den unvergleichlichen Stil des Hauses bewahren. Als ältestes Restaurant der Stadt ist es in ebenso anheimelnden wie verführerischen Rottönen gehalten – wenn es herbstlich wird, gibt es keinen gemüt-licheren Ort für einen ausgiebigen Lunch. Die Speisekarte war schon lange saisonal, bevor tätowierte Jungköche das als Goldstandard ausriefen. Gemüse kommt nicht aus dem Tief-kühlfach, Wild und Wildgeflügel gibt es nur, wenn Jagdsaison ist. Und wer sein Essen am liebsten selbst erlegt, liefert seinen Fasan zum fachgerechten Abhängen ab und lässt ihn sich später auftischen. Das Restaurant selbst hat im Norden des Landes in den High Pennines ein eigenes Jagdrevier.

PHEASANT WITH BREAD SAUCE

Fasan mit Brotsauce

FÜR 3–4 PERSONEN

FÜR DEN FASAN

1 küchenfertiger mittelgroßer
  Fasan
Salz
schwarzer Pfeffer aus der
  Mühle
80 g Butter
2 Zweige Thymian
2 Lorbeerblätter
2 EL Pflanzenöl
1 EL Madeira
½ Bund Brunnenkresse

FÜR DIE BROTSAUCE

1 Zwiebel
3 Gewürznelken
250 ml Milch
1 Lorbeerblatt
80 g frisch geriebene
  Semmelbrösel
Salz
schwarzer Pfeffer aus der
  Mühle
2 EL Butter
1 EL Madeira

Für den Fasan den Backofen auf 180 °C Ober-/Unterhitze vorheizen. Den Fasan zunächst von innen und außen mit Salz und Pfeffer einreiben, dann innen mit der Hälfte der Butter. Thymian und Lorbeer waschen, trockenschütteln und in die Öffnung schieben.

Die restliche Butter mit dem Öl in einer gusseisernen Pfanne erhitzen. Den Fasan darin von beiden Seiten je 10 Minuten anbraten. In der Pfanne in den Ofen geben und 20 Minuten garen, bis das Fleisch durch ist.

Anschließend den Fasan zerlegen, dabei den Bratensaft auffangen. Die Fleischteile beiseitestellen. Den Bratensaft mit dem Madeira erhitzen und kurz erwärmen. Die Brunnenkresse waschen, trockentupfen, die Blättchen abzupfen und unterrühren.

Für die Brotsauce die Zwiebel abziehen und mit den Nelken spicken. Die Milch erwärmen und die gespickte Zwiebel mit dem Lorbeerblatt einlegen. Die Milch einmal aufwallen und dann 10 Minuten köcheln lassen. Danach die Zwiebel und das Lorbeerblatt entfernen. Die Semmelbrösel mit einem Schneebesen unterrühren und alles bei mittlerer Temperatur etwa 8 Minuten köcheln lassen, bis eine Sauce entsteht, die etwas Farbe angenommen hat. Zuletzt mit Salz, Pfeffer und Madeira abschmecken.

Den Fasan mit der Brotsauce anrichten. Als Beilagen reicht man dazu im Rules Kartoffeln, Waldpilze, Rosenkohlblättchen, Maronen.

THE CROWN
TAXI

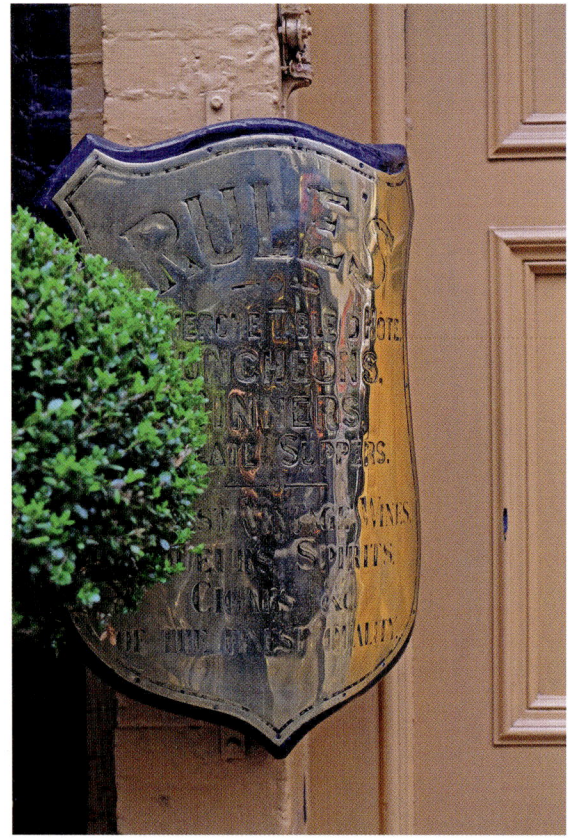

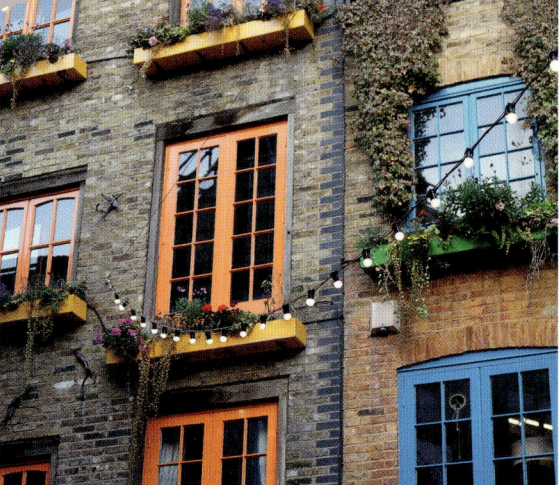

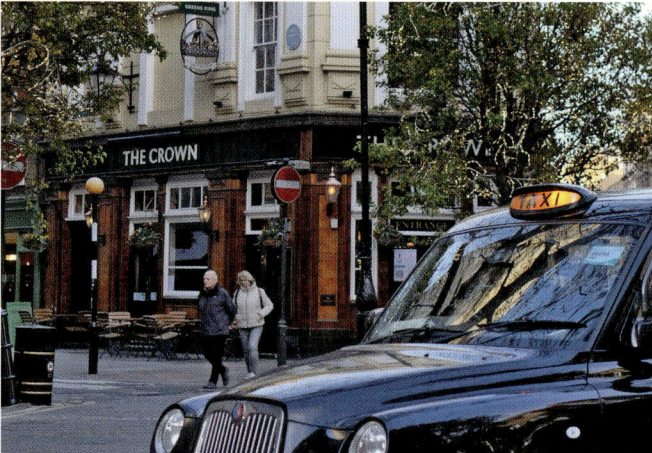

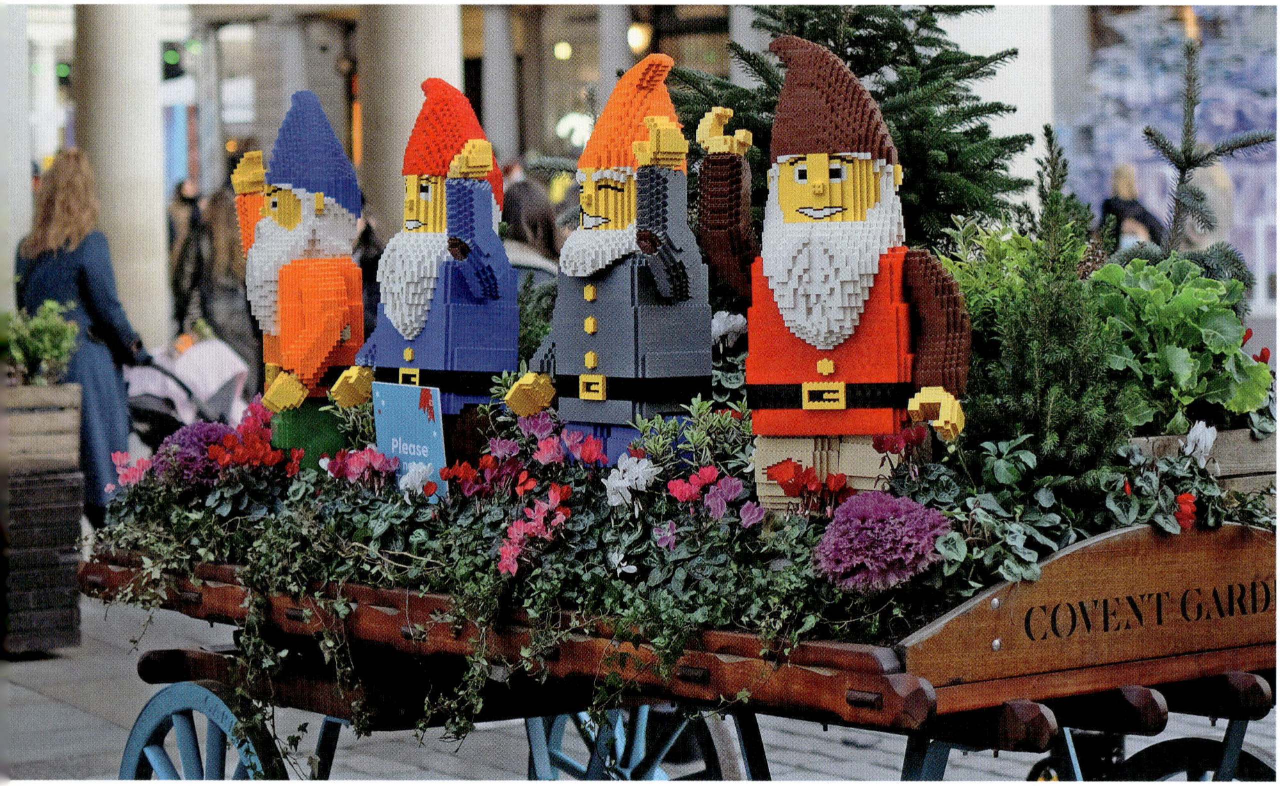
Please
COVENT GARD

J. SHEEKEY

Nur einige Gehminuten von Covent Garden entfernt in Richtung Leicester Square liegt eines der beliebtesten Fischrestaurants der Stadt, das J. Sheekey. Sie erkennen es gleich, denn die knallrote Fassade wird Sie an die typischen Londoner Doubledecker-Busse erinnern. Londoner gehen hier gerne vor dem Theaterbesuch – die Häuser sind in Sichtweite – eine Kleinigkeit essen oder treffen sich hinter-

her mit Freunden. Einen Blick auf die Speisekarte brauchen Sie eigentlich nicht zu werfen, wenn Sie es wie die Einheimischen machen wollen: Die meisten Gäste nehmen sowieso den Fischauflauf. Und ein bisschen so ist auch das Restaurant, es perfektioniert die einfachen Dinge, man fühlt sich wohl, man kann genießen und ein wenig abtauchen in eine gleichzeitig stilvolle wie lässige Welt.

J. SHEEKEY'S FISH PIE

FÜR 4 PERSONEN

800 g mehligkochende
  Kartoffeln
Salz
250 g Lachsfilet ohne Haut
400 ml Fischfond
1 EL Tomatenketchup
1 TL Anchovispaste
2 TL Senfpulver
schwarzer Pfeffer aus der
  Mühle
100 g Butter
2 EL Weizenmehl Type 405
250 g Sahne
50 g Semmelbrösel

Die Kartoffeln schälen, waschen und hacken. Die Stücke in wenig Salzwasser in etwa 20 Minuten weich garen.

Inzwischen den Fisch abbrausen und trockentupfen. Den Fischfond in einem Topf erwärmen. Das Filet einlegen, etwas salzen und 5–8 Minuten sieden lassen, bis es nicht mehr glasig ist.

Die Kartoffeln abgießen und zu einem Püree zerstampfen. Den Fisch aus dem Fond heben, zerzupfen und mit der Hälfte des Pürees vermengen. Mit Ketchup, Anchovispaste, Senfpulver, Salz und Pfeffer pikant abschmecken. Die Mischung beiseitestellen.

50 g Butter in einem Topf zerlassen. Das Mehl darauf stäuben und beides unter Rühren zu einer Mehlschwitze verarbeiten. Mit dem Fischfond ablöschen, die Sahne einrühren und bei niedriger Temperatur so lange rühren, bis eine cremige Sauce entsteht.

Eine mittelgroße Auflaufform einfetten. Die Kartoffelmischung sowie die Sauce einfüllen und mit dem restlichen Püree bestreichen. Die Masse abgedeckt für 3 Stunden kalt stellen.

Den Backofen auf 200 °C Ober-/Unterhitze vorheizen. Die Masse mit den Semmelbröseln und der restlichen Butter in Flocken bestreuen. Im Ofen auf der mittleren Schiene in 20 Minuten goldbraun und knusprig backen. Anschließend den Pie heiß servieren.

DAS SAVOY

Auf der anderen Seite in Richtung Fluss liegt eines der berühmtesten Hotels der Welt, das Savoy. Geplant wurde es 1889 als erstes Luxushotel des Landes; die reine Bauzeit dauerte fünf Jahre. Der Geist der alten Zeit ist im besten Sinne spürbar, denn die recht nötige Renovierung vor einigen Jahren (sie kostete 220 Millionen Pfund) hat am Geist des Hauses nicht gerührt. Der neue Boss im Savoy Grill ist Gordon Ramsay, von dem noch später die Rede sein wird. Falls Sie ihn mal im Fernsehen erlebt haben, fluchend, Sprüche klopfend ... das ist

seine Fernsehpersönlichkeit. In echt hat er zwar ein flottes Mundwerk, ist aber sehr nett und spricht fließend Französisch, denn er hat in der französischen Hochküche gelernt. Kein Wunder, dass sein Rezeptklassiker Beef Wellington auf den ersten Blick aufwendig ist, aber wenn Sie sich an die Schritte halten, lässt es sich einfach abarbeiten. Die im Rezept angegebenen Ruhephasen bitte einhalten. Die berühmte Rotweinsauce dazu, die Sie in größerer Menge zubereiten sollten, lässt sich wunderbar einfrieren; ich verwende dafür Eiswürfelbehälter.

BEEF WELLINGTON

FÜR DIE GEFLÜGELMOUSSE
500 g Hühnerbrustfilets
200 g Konditorsahne
  (35 % Fettgehalt)
200 g Crème double

FÜR DIE ROTWEINSAUCE
1 EL Olivenöl
100 g Fleischabschnitte vom
  Rinderfilet
2 Schalotten
6 schwarze Pfefferkörner
1 kleines Lorbeerblatt
1 Zweig Thymian
1 Spritzer Rotweinessig
350 ml Rotwein
350 ml Rinderbrühe

FÜR DIE PILZFÜLLUNG
1 Zwiebel
2 kg Champignons
4 Zweige Thymian
100 ml Rotweinsauce (Rezept
  siehe oben)
1 Spritzer Trüffelöl (optional)
Geflügelmousse (siehe oben)

Für die Mousse das Fleisch abbrausen, trockentupfen und grob hacken. Mit etwas Salz vermengen und mit dem Pürierstab leicht pürieren. 100 g Sahne angießen und weiterpürieren, bis die Masse glatt ist. Dann die restliche Sahne und die Crème double unterrühren. Die Mousse bis zur Verwendung kalt stellen.

Für die Sauce das Olivenöl in einer Pfanne erhitzen. Die Fleischabschnitte darin bei mittlerer Temperatur 5 Minuten anbräunen. Die Schalotten abziehen, fein hacken und mit den Gewürzen und gewaschenen Kräutern untermischen. 5 Minuten unter Rühren mit anbraten lassen, bis die Schalotten Farbe angenommen haben. Mit dem Essig und Rotwein ablöschen. Bei hoher Temperatur köcheln lassen, bis der Rotwein fast verkocht ist. Dann mit der Brühe ablöschen. Einmal aufkochen und die Sauce anschließend abgedeckt bei niedriger Temperatur 50–60 Minuten einkochen lassen. Zuletzt passieren.

Für die Füllung die Zwiebel abziehen und fein hacken. Die Pilze putzen und grob hacken. Beides mit dem gewaschenen Thymian und der Rotweinsauce in eine Pfanne geben. Abgedeckt bei niedriger Temperatur in etwa 20 Minuten weich garen. Anschließend abkühlen lassen, optional das Trüffelöl unterrühren. Dann mit der Geflügelmousse verrühren, bis eine streichfähige Creme entsteht.

FÜR DIE PFANNKUCHEN

2 Eier
100 g Weizenmehl Type 405 +
    mehr zum Arbeiten
100 ml Milch
Salz
1 Handvoll gemischte Kräuter
    (z. B. Basilikum, Petersilie,
    Estragon, Schnittlauch)
2 EL Pflanzenöl

FÜR DAS BEEF

1,5 kg Rinderfilet
Salz
schwarzer Pfeffer aus der
    Mühle
3 EL Butterschmalz
2 EL scharfer Senf (Ramsay
    empfiehlt Colman's Mustard
    aus der dekorativen
    Blechdose)

AUSSERDEM

2 ½ Pck. (ca. 1600 g)
    Blätterteig (rund oder
    rechteckig)
2 Eier

Für die Pfannkuchen Eier, Mehl und Milch zu einem Teig verrühren. Leicht salzen. Die Kräuter waschen, trockenschütteln, hacken und unterrühren. 1 EL Pflanzenöl in einer Pfanne erhitzen, die Hälfte des Teigs darin von beiden Seiten bei mittlerer Temperatur in je etwa 2 Minuten zu einem Pfannkuchen braten. Mit dem übrigen Teig ebenso verfahren.

Für das Beef das Filet abbrausen, trockentupfen und mit Salz und Pfeffer einreiben. Das Butterschmalz in einer Pfanne erhitzen. Das Fleisch darin rundum bei mittlerer Temperatur anbraten. Dann herausnehmen und abkühlen lassen. Danach, falls verwendet, das Senfpulver in 2 EL Wasser auflösen. Das Fleisch damit (oder dem Senf) bestreichen.

Auf einer Arbeitsfläche Frischhaltefolie so auslegen, dass das Fleisch gut Platz hat. Die Pfannkuchen auf der Folie nebeneinander überlappend auslegen und mit der Pilzfüllung bestreichen. Das Fleisch mittig darauf platzieren. Die Pfannkuchen darüberklappen und in der Frischhaltefolie fest aufrollen. 4 Stunden kalt stellen.

Die Blätterteigstücke auf einer leicht bemehlten Arbeitsfläche überlappend auslegen. Die Fleischpfannkuchen aus der Folie wickeln und mittig auf den Teig setzen. Diesen aufrollen und von allen Seiten festdrücken. Die Eier verquirlen. Den Teig an den Seiten und oben mit etwas Ei bestreichen und 25 Minuten kalt stellen. Inzwischen den Backofen auf 220 °C Ober-/Unterhitze vorheizen. Den gekühlten Teig mit dem restlichen Ei bestreichen. Das Beef Wellington auf einem mit Backpapier belegten Backblech im Ofen auf der mittleren Schiene 25 Minuten backen, bis der Teig goldbraun und knusprig ist. Mit einem Fleischthermometer die Kerntemperatur messen; für medium rare sollte sie 28 °C betragen. Das Fleisch aus dem Ofen nehmen und vor dem Aufschneiden 20 Minuten ruhen lassen.

ADRESSEN

City of Westminster, London

The Goring

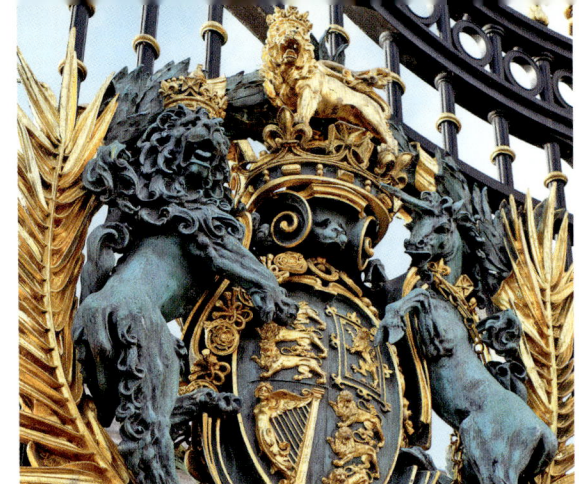

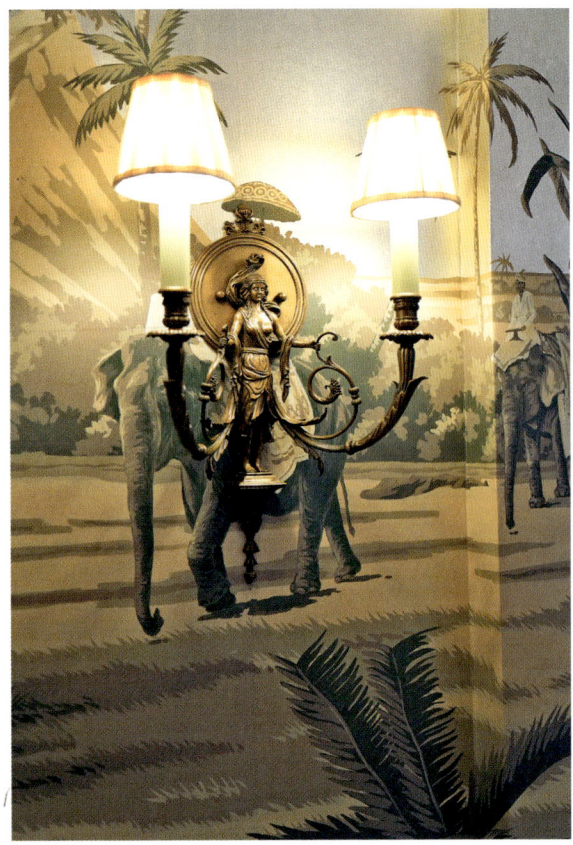

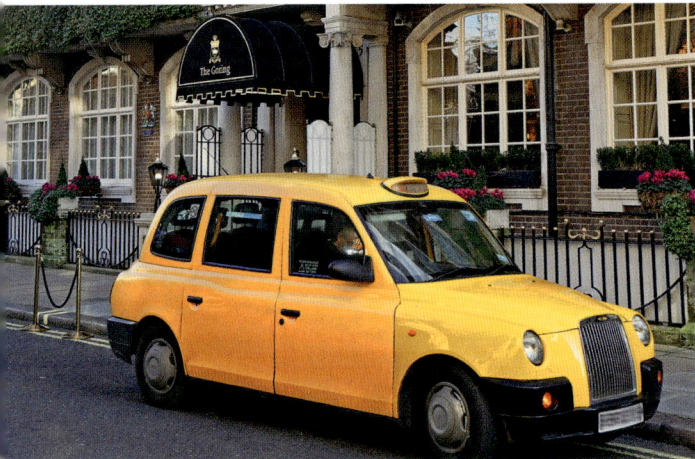

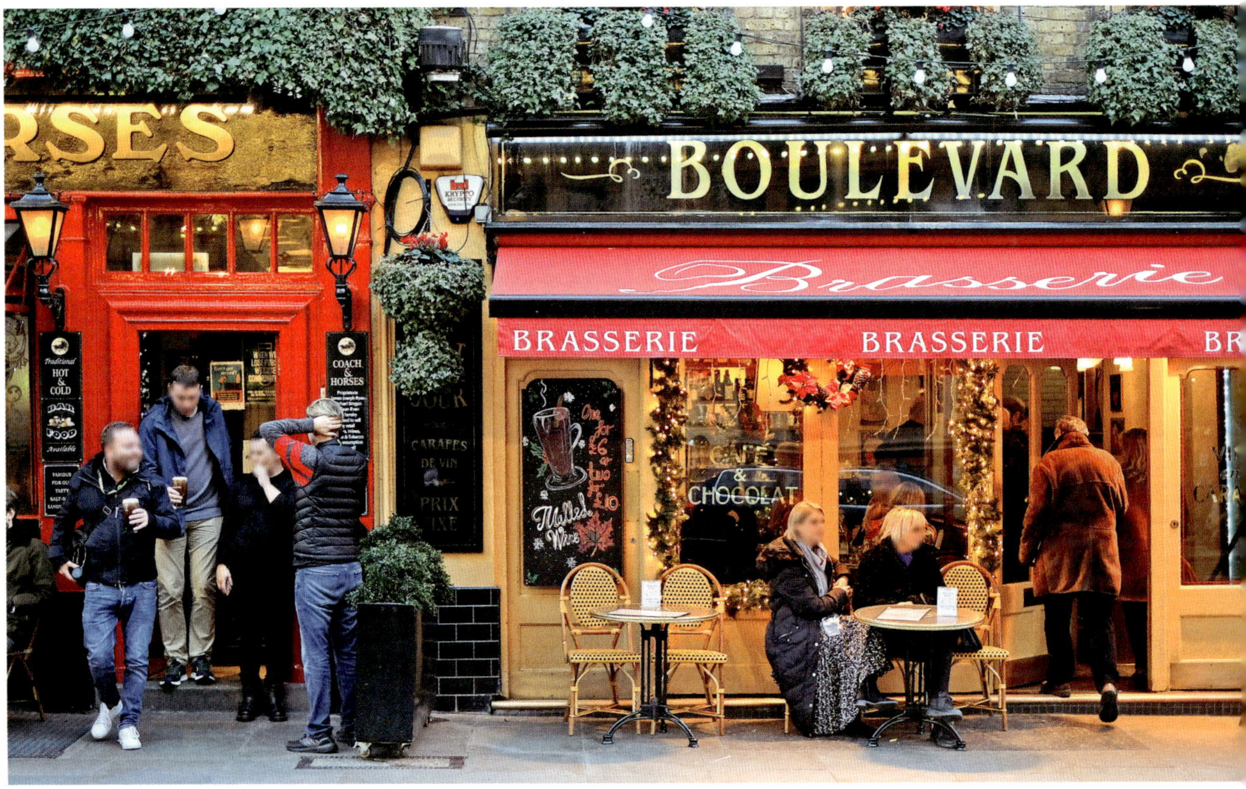
BOULEVARD
Brasserie
BRASSERIE
BRASSERIE
COACH & HORSES
HOT & COLD
CARAFES DE VIN
PRIX FIXE
CAFE & CHOCOLAT

ROYAL BOROUGH OF KENSINGTON & CHELSEA

SIND SIE ABER SCHÖN!

Genießen, shoppen, studieren, flanieren Sie oder mieten Sie sich doch einfach ein Pferd ... Diese unvergleichliche Mischung an Attraktionen prägt den kleinsten Royal Borough Londons: Im gigantischen Naturkundemuseum entdecken Erwachsene wieder das Wunder Erde. Im Victoria and Albert Museum zeigen fast drei Millionen Exponate die jahrtausendealte Entwicklung von Schönheit und gutem Geschmack, ob bei altem Porzellan oder zeitgemäßem Modedesign.

Apropos Mode: Shopaholics (sagt man das eigentlich noch?) können in Chelseas Boutiquen und bei Harrods Unsummen ausgeben. Die Chelsea Flower Show zieht hingegen Gartenfans aus der ganzen Welt an. Auch auf dem fast zwei Kilometer langen Portobello Market in Notting Hill kann man Grünpflanzen erstehen. Oder antikes Silber. Gleich um die Ecke verliebte sich ein Hollywoodstar in einen töffeligen Buchhändler, jedenfalls im Film.

Aber im Hyde Park lässt es sich in der realen Welt ausreiten und dabei einen Blick auf die teuersten Apartments der Welt werfen. Und natürlich gibt es hier außerdem königliche Gemächer. Die Orangery am Kensington Palace serviert ganz ohne royales Tamtam einen gemütlichen Afternoon Tea, während dieser im Milestone Hotel auf der anderen Straßenseite nicht ohne essbare Krone aus Gold denkbar ist. Queen Victoria war übrigens Kaiserin von Indien, auch deshalb würde sich ein indischer Imbiss anbieten, etwa zum Hindufest Diwali.

In der **Orangery** können Sie auf königlichem Boden einen Afternoon Tea bestellen. Und diesen mit einem Gläschen Pimm's Cup (siehe Seite 82), der ultimativen britischen Sommererfrischung, abrunden. Man blickt auf die wunderbaren Blumenbeete von Kensington Palace, die schon vor über 100 Jahren angelegt wurden. Und träumt ein bisschen vor sich hin.

PIMM'S CUP

FÜR 1 COCKTAIL

6 cl Pimm's Cup
3 Eiswürfel
1 dünne Scheibe von
    1 unbehandelten Zitrone
1 Spirale einer unbehandelten
    Salatgurke
100 ml Zitronenlimonade oder
    Ginger Ale

Die Eiswürfel in ein Glas geben. Den Pimm's Cup eingießen. Die Zitronenscheibe und die Salatgurke zugeben. Mit Zitronenlimonade oder Ginger Ale auffüllen und sofort servieren.

▶ *Alternativ die Menge für mehrere Personen auf 1 l hochrechnen: also 250 ml Pimm's Cup, 400 ml Zitronenlimonade oder Ginger Ale und mit 2 Handvoll Eiswürfeln, den dünnen Scheiben von ½ unbehandelten Zitrone und 5 Scheiben einer unbehandelten Salatgurke auffüllen.*

▶ *Varianten mit Läuterzucker, Orangenscheiben, Minzeblättern oder Apfelscheiben wurden auch schon gesichtet. Das scheint, wie vieles im Leben, wohl Geschmackssache.*

MILESTONE HOTEL

Das Milestone Hotel hat fünf Sterne, wie die Luxushotels in Mayfair, von denen im ersten Kapitel schon die Rede war. Auch die Zimmerpreise ähneln sich. Jedoch erinnert dieses Hotel an einen verwunschenen, überaus geschmackvoll eingerichteten englischen Landsitz, in dem Hausherr und Hausherrin gerne und großzügig ihre Freunde verwöhnen. Unser deutsches Wort Gemütlichkeit hätte hier erfunden werden können. Der Afternoon Tea dort ist eine feine Angelegenheit, das eingangs erwähnte Krönchen aus Blattgold am besten vorbestellen. Bea Tollmann, amerikanische Gründerin und Präsidentin der kleinen Hotelgruppe, steuerte ihr Lieblingsrezept für die Tee-Etagere bei. Ihr amerikanischer Käsekuchen (siehe nächste Seite) ist ganz einfach zu machen, erfordert bloß Vorausplanung, denn Teigboden und Füllung müssen mehrere Tage durchkühlen.

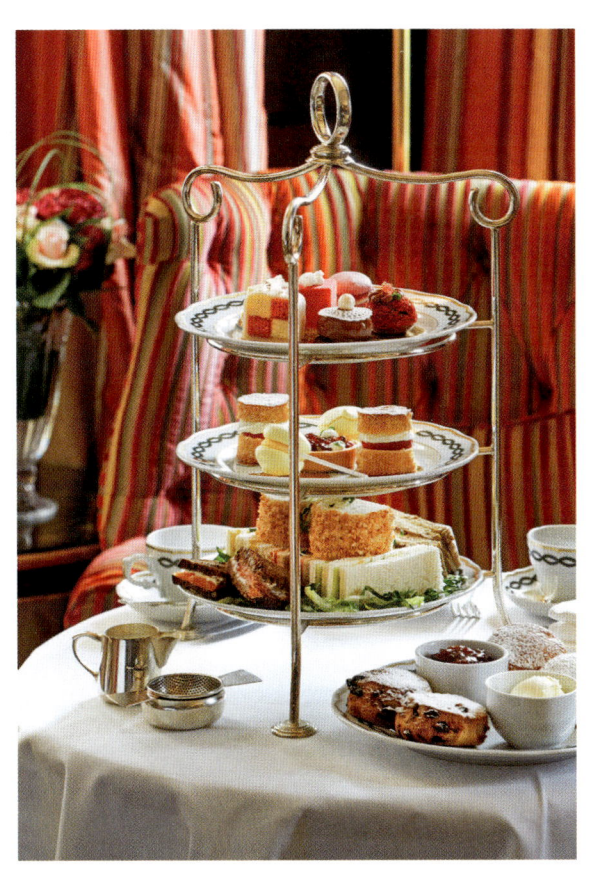

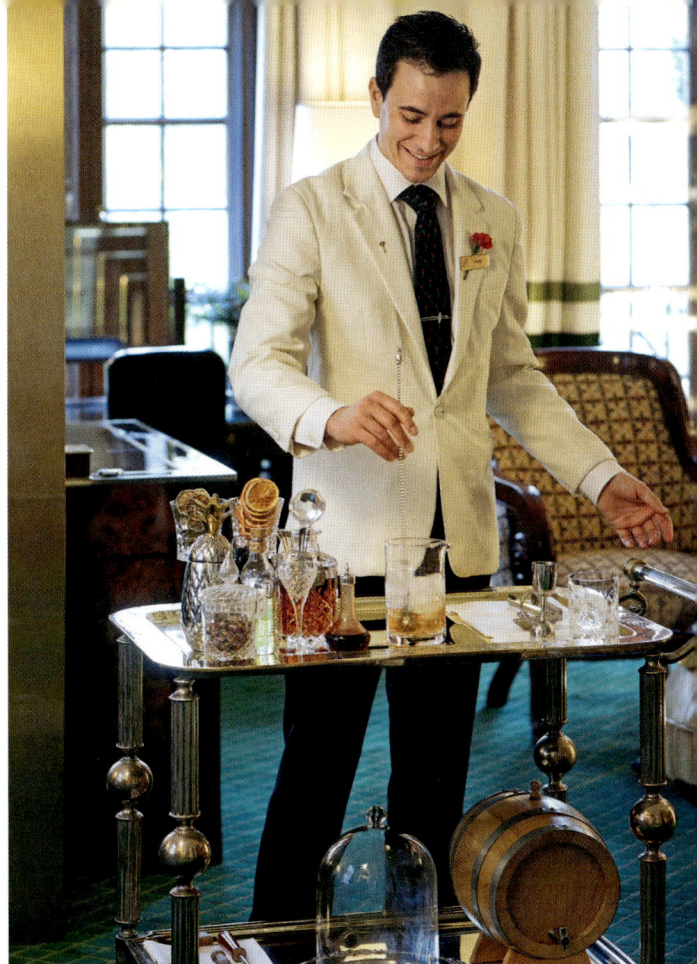

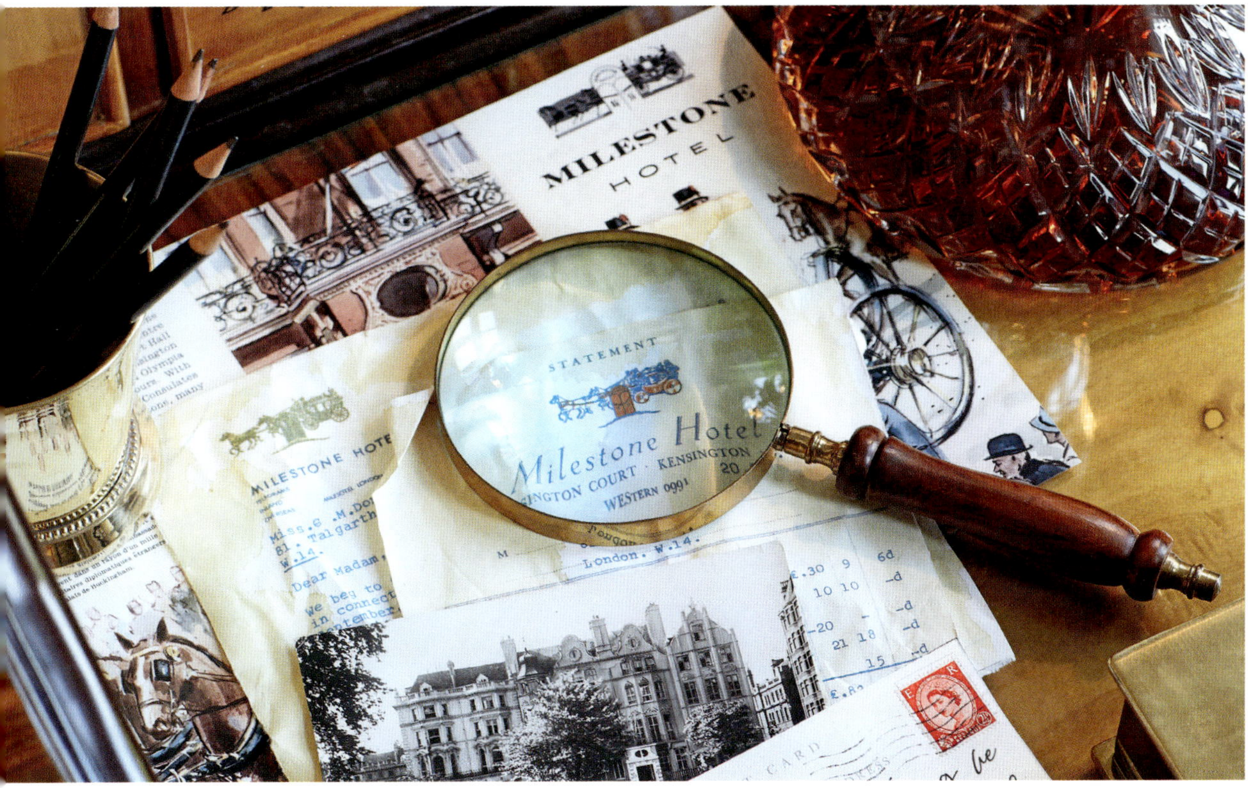
MILESTONE
HOTEL
STATEMENT
Milestone Hotel
KENSINGTON
WESTERN 0991
MILESTONE HOTEL
London. W.14.

BEA'S CHEESECAKE

FÜR 1 SPRINGFORM (20 CM Ø)

FÜR DEN BODEN
250 g Graham Cracker
   (Vollkornkekse)
130 g Zucker
170 g Butter
1 Msp. Zimtpulver

FÜR DIE FÜLLUNG
6 Eier
350 g Zucker
1350 g Frischkäse
1 Vanilleschote
1 EL Vanilleextrakt
450 g Schmand
1 Prise Salz

FÜR DAS TOPPING
450 g Schmand
50 g Zucker

Für den Boden den Backofen auf 190 °C Ober-/Unterhitze vorheizen. Die Cracker in einen Gefrierbeutel legen und mit einem Nudelholz zerkleinern. Die Kekskrümel mit dem Zucker mischen. Die Butter zerlassen und mit dem Zimt zur Keks-Zucker-Mischung geben. Alles zu einem Teig vermengen. Den Teig in den Boden der Springform drücken und im Ofen auf der mittleren Schiene 7 Minuten backen. Danach aus dem Ofen nehmen, zunächst abkühlen lassen und dann für 1 Stunde kalt stellen.

Inzwischen für die Füllung die Eier trennen. Das Eiweiß mit der Hälfte des Zuckers in einer großen Rührschüssel steif schlagen. Den Frischkäse in einer zweiten Rührschüssel mit dem restlichen Zucker verrühren. Das Eigelb mit den restlichen Zutaten unter die Frischkäse-Zucker-Mischung rühren und mit dem Mixer gut aufschlagen. Anschließend die Eiweißmasse unterziehen.

Den Backofen auf 180 °C Ober-/Unterhitze vorheizen. Den Boden der Springform mit Alufolie umwickeln. Die Springform in eine größere Backform setzen und in den Ofen stellen. Heißes Wasser an den Seiten der größeren Form angießen. Die Füllung in die kleinere Springform gießen. Die Ofentür schließen, den Ofen ausstellen und den Kuchen 1 Stunde im ausgehenden Ofen ziehen lassen. Danach aus dem Ofen und aus dem Wasserbad nehmen und 12 Stunden abgedeckt kalt stellen.

Für das Topping den Backofen auf 100 °C Ober-/Unterhitze vorheizen. Den Schmand mit dem Zucker verrühren. Den gekühlten Kuchen mit dem Topping bestreichen und im Ofen auf der mittleren Schiene 20 Minuten backen. Anschließend aus dem Ofen nehmen, abkühlen lassen und vor dem Aufschneiden nochmals für 24 Stunden kalt stellen.

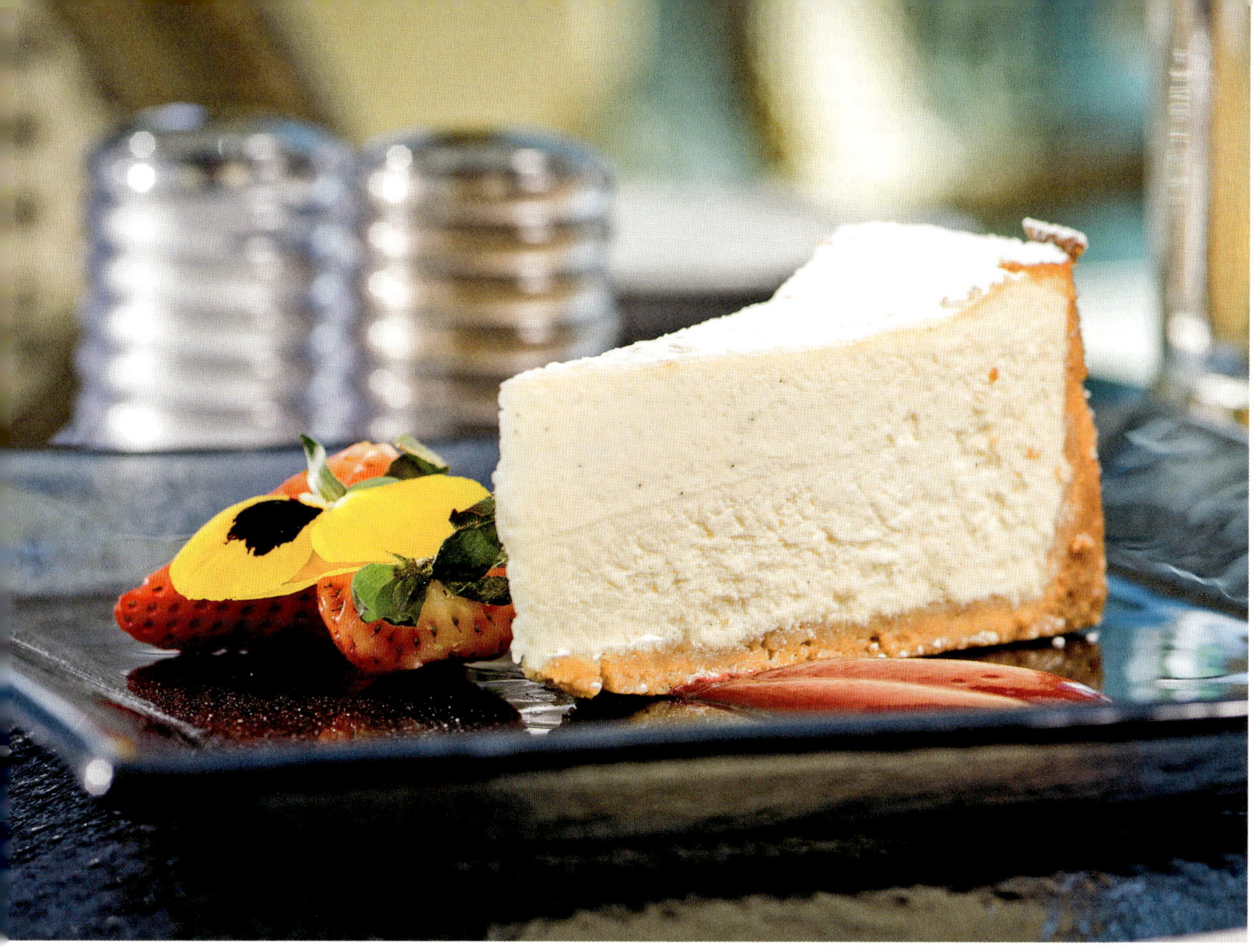

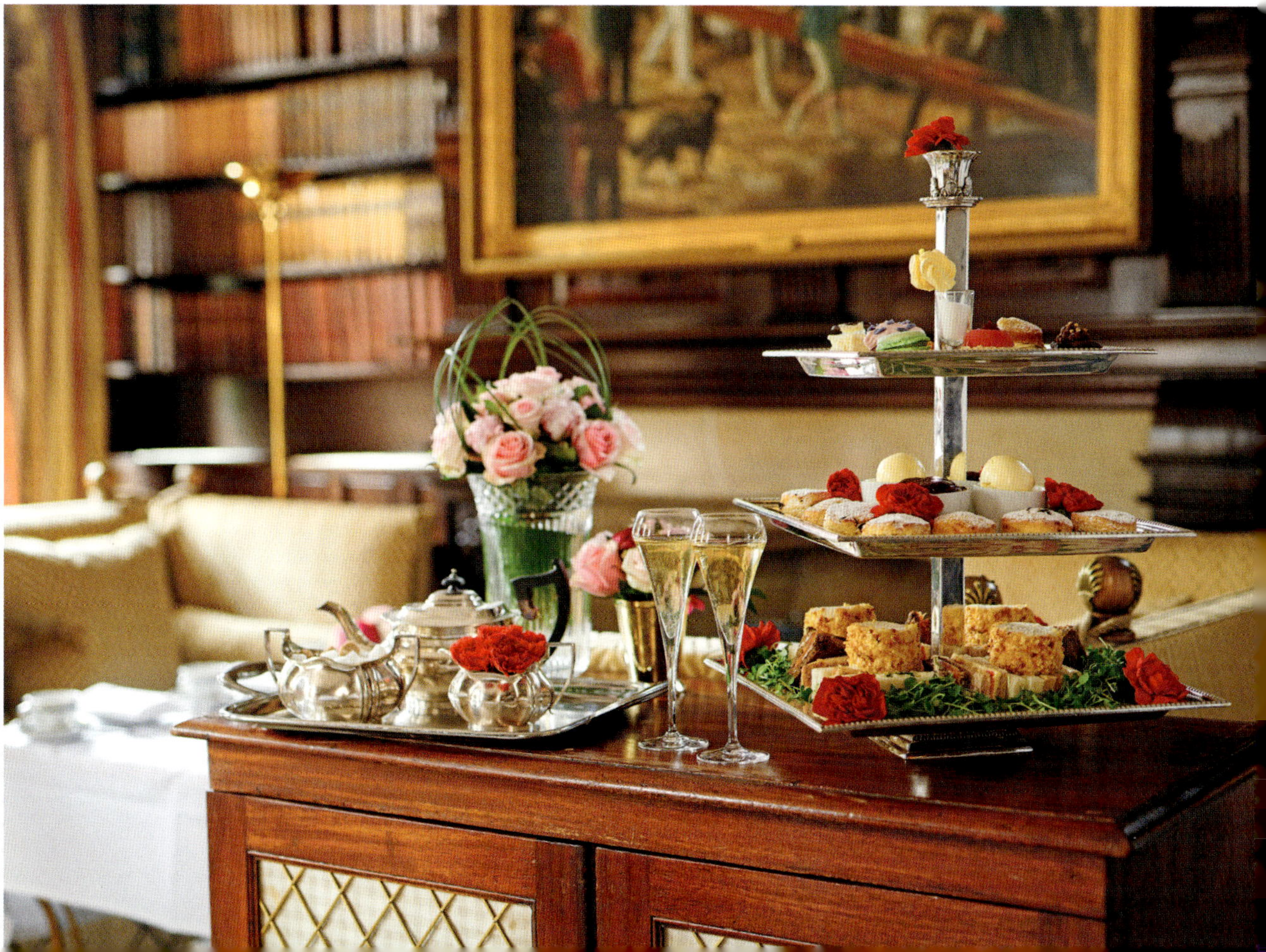

KNIGHTSBRIDGE

Natürlich muss dieses Kapitel mit dem Kaufhaus beginnen, dessen Name wohl die meisten Menschen schon einmal gehört haben: **Harrods**. Das beschreibt sich selbst als das »führende Luxuskaufhaus der Welt«, ein bisschen unbescheiden für britische Verhältnisse, aber es ist ja auch nicht britisch. Es gehört der Qatar Investment Authority und die wiederum dem Wüstenstaat. Aber schon vorher war Harrods das Königreich des funkelnden Scheins, früher wurden hier sogar Babyelefanten und Löwen verkauft! Heute sind über 5000 Designer vertreten. Man findet einfach alles. Was die Sache nicht unbedingt einfacher macht. Wenn Sie beispielsweise noch nicht wissen, welche Handtasche es sein soll, hätten Sie bei etwa 2500 Exemplaren die Qual der Wahl.

Ähnliches dürfte bei einem Gang durch die Food Halls mit ihren erstaunlichen Auslagen passieren. Es gibt sogar eine eigene Chocolate Hall, wo vor Ihren Augen Schokolade geschöpft und Pralinen hergestellt werden. Bei Tom Kerridge, einem sehr bekannten Koch, der mal im Pub begonnen hat, können Sie das vormalige Nationalgericht Fish & Chips essen. Allerdings würden die wenigsten Engländer dafür die geforderten 35 Pfund hinlegen. Ach, gehen Sie lieber in die Halle für Meeresfrüchte.

Fast in Sichtweite zu Harrods liegt ein weiteres weltberühmtes Londoner Kaufhaus: **Harvey Nichols**, von Londonern liebevoll zu Harvey Nicks abgekürzt. In den 1990er-Jahren kam es dank der Fernsehserie »Absolutely Fabulous« erneut zu internationalen Ehren, nachdem es zum ersten Mal in den 1980er-Jahren als Lieblingskaufhaus von Princess Di berühmt wurde. Der fünfte Stock ist eine einzige Fress-, Genuss- und Futtermeile.

HARRODS

Harrods
HARRODS
CHOCOLATE

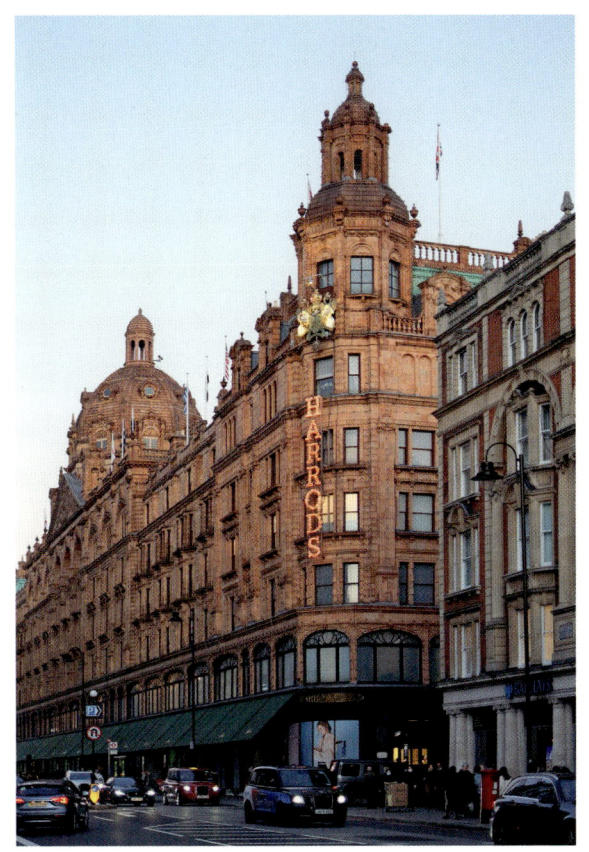

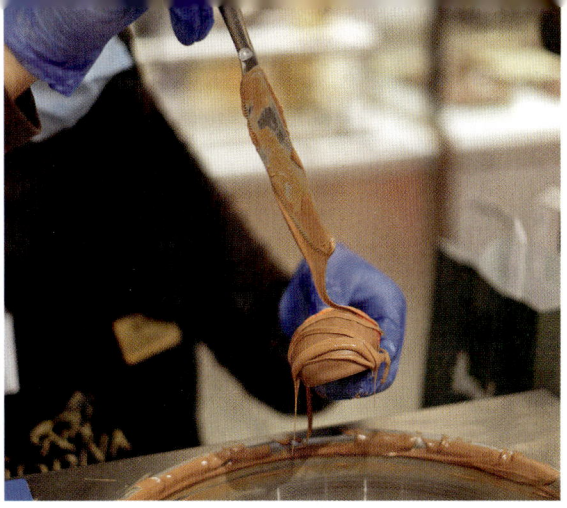

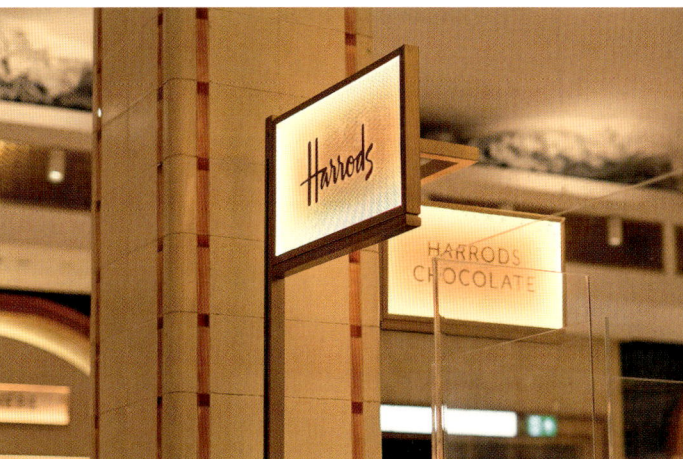

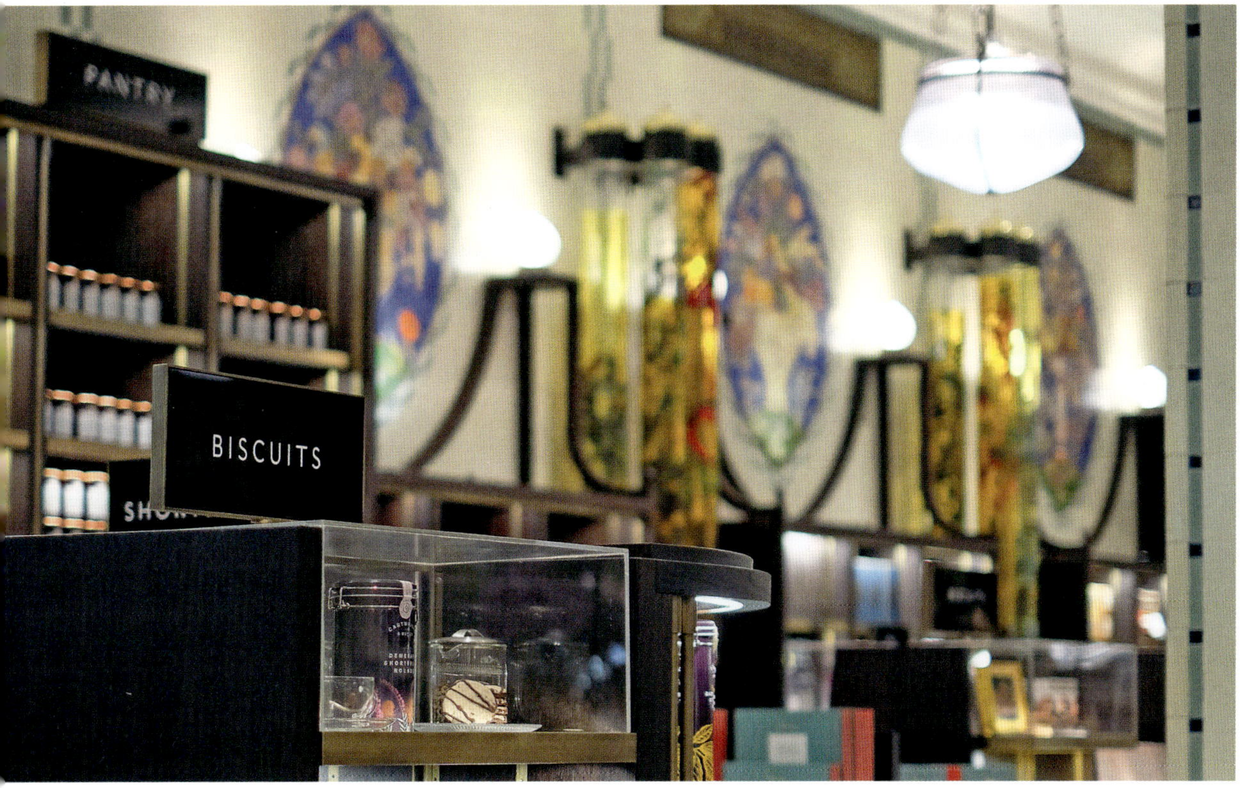
PANTRY
BISCUITS

HYDE PARK UND DIE MUSEUMSMEILE ALBERTOPOLIS

Aber nun gehen wir erst mal ins Grüne und zu den Pferdchen. Wo das ist, riecht man schon. Die **Stallungen der Hyde Park Stables** stehen seit über 300 Jahren in einer Mews gleich beim Hyde Park. Und im Park selbst bietet die Rotten Row ebenfalls seit über 300 Jahren den perfekten Unter- und Hintergrund für Ross und Reiter. Lösen Sie Ihr Haar. Galoppieren Sie nun auf Ihrem Zossen auf weichem Sand mit wehender Mähne (Sie oder das Pferd) vorbei an hypermodernen Apartmenthäusern und an blendend weiß gestrichenen, altmodischen Häuserzeilen. Nicken Sie Fußgängern, die neben Ihnen den Hyde Park per pedes durchtrampeln müssen, huldvoll, doch freundlich zu. Jetzt wäre auch der richtige Zeitpunkt, royales Winken zu üben. Das alles macht hungrig, Sie haben sich zum Lunch eine ordentliche Stärkung verdient, beispielsweise mit einem schön altmodischen Sandwich mit Speck und Eiern (siehe Seite 92) aus dem **Sheila's Café** unweit der Stallungen. Die dafür nötige »braune Sauce« namens HP Sauce bekommen Sie in jedem Supermarkt. Die Queen ist übrigens ein großer Fan dieser, denn die Sauce sieht nur langweilig aus; der Kick kommt durch Tamarindenextrakt, Datteln und Tomaten. Für die Fertigstellung des schon erwähnten Eier-Speck-Sandwiches, ich wollte es nur schon gesagt haben, benötigen Sie eine Küchenschere.

Oder machen Sie Rast in der **Serpentine Bar & Kitchen** direkt an dem künstlichen See im Hyde Park. Der See wurde übrigens bereits 1730 angelegt. Stellen Sie sich beim Löffeln einer herzhaften Tomatensuppe (siehe Seite 94), wie sie Engländer im Winter sehr lieben, vor, Sie wären Mitglied des Serpentine Swimming Club. Dann dürften Sie mit anderen Auserwählten das Privileg genießen, am Weihnachtsmorgen ins eisige Wasser der Serpentine zu steigen. Und Sie könnten den jährlichen Schwimmwettbewerb um den Peter Pan Cup vielleicht für sich entscheiden. Wärmende Weihnachtsmann-Zipfelmütze nicht vergessen! Die BBC überträgt das Spektakel jedes Jahr, während der Rest des Landes Geschenke aufreißt, gähnt, den Braten vorbereitet, schon mal ein Gläschen trinkt …

BACON AND EGG ROLL SANDWICH

Sandwich mit Speck und Eiern

FÜR 1 PERSON

4 Scheiben Frühstücksspeck
    sehr guter Qualität
2 EL Butter
2 Eier
Salz
schwarzer Pfeffer aus der
    Mühle
1 nicht zu knuspriges, großes
    Brötchen
2 EL HP Sauce (Fertigprodukt)

Den Speck in einer beschichteten Pfanne bei mittlerer Temperatur ohne Fettzugabe etwa 5 Minuten ausbraten, bis er knusprig ist und braun wird. Dann aus der Pfanne nehmen und in eine Schüssel geben.

Die Butter in der Pfanne zerlassen. Die Eier in die Pfanne aufschlagen und bei mittlerer Temperatur in etwa 5 Minuten zu Spiegeleiern ausbraten; das Eigelb sollte dabei noch nicht ganz fest geworden sein.

Anschließend die Spiegeleier salzen und pfeffern. Mit dem Bratfett zu den Speckscheiben geben. Eier und Speck mit einer Küchenschere in Streifen schneiden und gut mischen.

Das Brötchen aufschneiden, mit der HP Sauce bestreichen und die untere Hälfte mit der Ei-Speck-Mischung belegen. Die andere Brötchenhälfte aufsetzen und fest andrücken. Das Sandwich noch warm servieren.

▶ *Servietten dazu wären nicht schlecht.*

TOMATO SOUP

FÜR 4 PERSONEN

1 große Karotte
2 Stangen Bleichsellerie
1 Schalotte
1 kleine Knoblauchzehe
2 EL Butter
300 ml Gemüsebrühe
500 g reife Tomaten
1 EL Tomatenpüree
1 TL Zucker
Salz
schwarzer Pfeffer aus der
    Mühle
100 g Sahne
knuspriges Weißbrot zum
    Servieren

Die Karotte waschen, schälen und fein hacken. Die Selleriestangen waschen, entfädeln und fein hacken. Die Schalotte sowie den Knoblauch abziehen und ebenfalls fein hacken.

Die Butter in einem Topf erwärmen. Die Schalotten- und Knoblauchstückchen darin bei niedriger Temperatur mehrere Minuten anschwitzen, bis die Schalottenstückchen glasig werden. Dann die Karotte und den Bleichsellerie zugeben. Mit der Gemüsebrühe ablöschen, einmal aufwallen lassen und abgedeckt 30 Minuten köcheln lassen.

Die Tomaten waschen, halbieren, Kerne und Stielansätze entfernen. Das Fruchtfleisch hacken und mit dem Tomatenpüree unter die Gemüse-Brühe-Mischung rühren. Erneut aufkochen und ohne Deckel 15 Minuten köcheln lassen, bis die Tomaten weich sind.

Zuletzt die Suppe glatt pürieren und die Sahne unterrühren. Mit dem Zucker, Salz und Pfeffer abschmecken.

In Suppenschalen anrichten und mit dem Weißbrot servieren.

VICTORIA & ALBERT MUSEUM

Schlendern Sie am **Albert Memorial** und der **Royal Albert Hall** vorbei und nehmen Sie sich dann Zeit für das **Museum of Natural History** und seinen **Wildlife Garden**. Gleich daneben steht das nicht minder beeindruckende **Victoria and Albert Museum**, das die Londoner V&A nennen. Das dortige Restaurantcafé war übrigens weltweit das erste seiner Art. Als *refreshment room* hatte es sich der Museumsgründer Henry Cole ausgedacht. Er hatte 1851 bereits die Weltausstellung in London geleitet und wusste, dass man den Menschen nicht nur geistige Nahrung bieten durfte, sondern sie außerdem mit einem Imbiss stärken musste. Erst Ende des 19. Jahrhunderts nahmen andere Museen auf der Welt daran ein Beispiel.

Auch in der Gestaltung setzte das Café Maßstäbe. Neben Henry Cole selbst und dem Maler Edward Poynter war der bedeutende Maler, Architekt und Kunstgewerbler William Morris (1934–1896) an der Innenausstattung beteiligt.

Freuen Sie sich auf erstaunliche Buntglasfenster und eine kunstvolle Ausstattung selbst im Detail. So verlockend der Innenhofgarten des Museums auch ist – hier kommt man gerne aus den umliegenden Büros und isst seinen mitgebrachten Lunch –, im Café sitzt man wirklich in Schönheit. Das Menü ändert sich oft, ein saisonaler Klassiker ist ein Ricotta-Salat mit Erbsen und Minze, eine Kombination, die die Briten zu Recht lieben.

RICOTTA SALAD WITH FRESH PEAS

Ricotta-Salat mit jungen Erbsen

FÜR 4 PERSONEN

1 kg frische Erbsen in der
 Schale
2 EL Salz
1 kleine rote Zwiebel
2 EL Olivenöl extra vergine
 oder Rapsöl guter Qualität
1 EL Weißweinessig oder
 weißer Balsamicoessig
Salz
schwarzer Pfeffer aus der
 Mühle
250 g Ricotta
1 kleiner Bund frische Minze
3 Stängel Basilikum

Die Erbsen pulen (es werden etwa 400 g). 2 l heißes Wasser aufsetzen, salzen und die Erbsen darin 3 Minuten blanchieren. Anschließend abgießen und mit kaltem Wasser abschrecken, damit sie ihre Farbe behalten.

Die Zwiebel abziehen und fein hacken. Das Öl mit dem Essig, Salz und Pfeffer zu einem cremigen Dressing verquirlen. Erbsen und Zwiebeln in einen tiefen Teller füllen und mit dem Dressing vermengen.

Den Ricotta glatt rühren. Die Kräuter waschen, trockenschütteln und die Blättchen abzupfen. Mit dem Ricotta über die Erbsen geben und alles servieren. Dazu passt Baguette.

CHELSEA

Als Sehnsuchtsort ist dieser kleine Stadtteil kaum zu toppen. Er liegt lauschig, wird im Süden von der Themse und vielen Hausbooten begrenzt, ist sehr grün und dank seiner kleinen, schön gepflegten Straßen und Gassen gemütlich. Oft erinnert Chelsea an ein herausgeputztes Dorf, mit pastellfarbenen Fassaden und Knusperhäuschen. Dann wieder wird's großstädtisch, dafür sorgen die Backsteinfassaden, hinter denen das Großbürgertum – und einst auch Mick Jagger – residiert. Viele kleine inhabergeführte Geschäfte machen einen Bummel durchs Viertel verlockend. Wer nicht gehen mag, nimmt den Bus: Die Nummer 19 fährt stilvoll mit altmodischen Doppeldeckern die Strecke entlang der King's Road. Sitzen Sie unbedingt im Obergeschoss ganz vorne, da sieht man am meisten. Nur die Immobilienpreise sind so gar nicht altmodisch ländlich ...

Nach einem gemütlichen Gang durch kleine Straßen ist es nicht weit bis zur **Chelsea Town Hall**, dem Rathaus des Viertels, das als Hochzeitslocation sehr beliebt ist. Hugh Grant, Judy Garland und Wallis Simpson, die hier den vormaligen britischen König Eduard VIII. heiratete, sind nur einige prominente Hochzeiter. Daneben liegt **The Ivy Chelsea Garden**, ein prächtiges und entsprechend seinem Namen sehr begrüntes Restaurant. Wer Geld hat und dazu schön, schlank und jung ist, lässt sich hier gerne blicken.

THE IVY SALTED CARAMEL ESPRESSO MARTINI

FÜR 1 COCKTAIL

1 EL Salted Caramel Sauce
4 cl frisch gebrühter heißer Espresso
Eiswürfel
2,5 cl Kaffeelikör
5 cl Absolut Wodka
Kakaopulver zum Bestäuben (optional)

Die Karamellsauce und den heißen Espresso verrühren, bis die Karamellsauce vollständig aufgelöst ist. Dann abkühlen lassen.

Einen Cocktailshaker mit Eis füllen. Die Karamell-Espresso-Mischung, den Kaffeelikör und den Wodka eingießen. Den geschlossenen Cocktailshaker kräftig schütteln.

Den Cocktail in ein Martiniglas abseihen und nach Belieben mit Kakaopulver bestäuben.

TWICE-BAKED CHEESE SOUFFLÉ

FÜR 6 PERSONEN

FÜR DIE SOUFFLÉS

150 ml Vollmilch
2 EL Butter
2 EL Weizenmehl Type 405
60 g Mozzarella
60 g mittelalter Gouda am
    Stück
1 TL Senfpulver
8 Eiweiß
1 TL Weinsteinpulver (*cream
    of tatar*; online erhältlich)
Salz
schwarzer Pfeffer aus der
    Mühle

AUSSERDEM

50 g Butter zum Einfetten
50 g Hartkäse am Stück

Den Backofen auf 110 °C Ober-/Unterhitze vorheizen. Die Milch in einem Topf langsam erwärmen, bis sie heiß ist, aber noch nicht kocht. In einem zweiten Topf mit schwerem Boden die Butter zerlassen. Das Mehl darüberstäuben, gut einrühren, dann die warme Milch portionsweise angießen und bei leichter Temperatur so lange rühren, bis die Flüssigkeit zu einer Mehlschwitze eindickt.

Den Mozzarella zerkleinern, den Gouda reiben. Beides mit dem Senfpulver unter die Mehlschwitze rühren. Den Topf vom Herd nehmen und die Mischung etwas abkühlen lassen.

Das Eiweiß mit dem Handmixer sehr steif schlagen. Dann das Weinsteinpulver und 1 Prise Salz unterrühren. Das Eiweiß portionsweise unter die Käsemischung ziehen, dabei mit sehr leichter Hand arbeiten, damit die Luftigkeit des Teigs nicht verloren geht. Bei Bedarf mit Salz und Pfeffer nachwürzen.

Eine große Auflaufform oder sechs kleine ofenfeste Förmchen einfetten. Den Hartkäse reiben und die Auflaufform/Förmchen damit ausstreuen. Die Auflaufform/Förmchen in ein etwas größeres ofenfestes Gefäß mit hohem Rand setzen und in den Ofen stellen. Die Käsemasse in die Auflaufform/Förmchen gießen und mit einem Palettmesser glatt verstreichen. Mit dem Daumen an den Rändern entlangfahren und die Käsemasse etwas eindrücken; so gart sie gleichmäßiger. An den Seiten des Gefäßes kochendes Wasser angießen. Die Soufflés im Ofen auf der mittleren Schiene 18 Minuten backen. Dann die Auflaufform/Förmchen samt dem größeren mit Wasser befüllten Gefäß herausnehmen und die Ofentemperatur auf 180 °C erhöhen.

Die Soufflés etwas abkühlen lassen, vorsichtig aus der Auflaufform/den Förmchen lösen (ein scharfes Küchenmesser hilft beim Lösen vom Rand) und auf ein mit Backpapier bedecktes Backblech stürzen. Das Backblech auf mittlerer Schiene in den Ofen schieben und die Soufflés weitere 8 Minuten backen. Anschließend gleich servieren. Das Ivy reicht dazu Brot und Butter.

▶ *Sie haben schon richtig gelesen, dieses Soufflé wird zweimal gebacken. Und ist eine perfekte Resteverwertung von Eiweiß, das Sie schon seit Monaten in der Tiefkühltruhe lagern … Für ein Soufflé gelten zwei Regeln. Es darf keine Zugluft bekommen – bitte nicht zwischendurch mal die Ofentür öffnen und nachgucken, ob es schon aufgegangen ist. Und es warten immer die Gäste aufs Soufflé, nicht andersherum.*

EIN WORT ZU AUSTERN

Charles Dickens wird bis heute sehr geschätzt und zitiert, beispielsweise seine Beobachtung (aus »Die Pickwickier«), dass Armut und Austern immer Hand in Hand gehen. In der Tat waren Austern zu seinen Lebzeiten in der ersten Hälfte des 19. Jahrhunderts im Überfluss vorhanden. Die Reichen fanden sie deshalb uninteressant, während sie für die Armen eine spottbillige, umso gesündere Nahrungsquelle darstellten. Austern liefern sehr viel Eisen sowie Jod und haben einen hohen und sehr breit gefächerten Vitamingehalt. Sie fördern den Stoffwechsel, stärken den Knochenbau und beugen Pellagra vor, einer Erkrankung, die durch Mangelernährung entsteht. Im Jahr 1851 wurden beispielsweise auf dem Londoner Fischmarkt Billingsgate 500 Millionen Austern umgeschlagen! Doch schon Ende des 19. Jahrhunderts waren die Austernbeete nicht mehr produktiv, denn sie waren überfischt und verunreinigt. Austern wurden knapp und damit zum Luxusprodukt. Über viele Jahrzehnte wurde vorrangig die importierte Pazifische Felsenauster gezüchtet. Heute gibt es wieder ein Interesse an regionalen Sorten. Und in der **Austernbar im Restaurant Bibendum** kann man in einem wunderschönen Ambiente aus sieben Sorten auswählen, darunter Maldon und Jersey. Wenn es Ihre Austernpremiere sein sollte, könnten Sie Schlimmeres probieren als eine Auster des Tages zusammen mit dem Klassikcocktail aus dem Bibendum, einem Oyster Martini mit Belvedere Vodka und Austernwasser. Dieser Miniteller kostet zwar 15 Pfund, sieht aber ungemein schick aus (hier wäre endlich ein Anlass für einen Instagram-Account) und weckt die Lebensgeister. Einst ebenfalls sehr typisch für London sind die deftigen *whelks*, Wellhornschnecken, die das Bibendum ebenfalls in der Austernbar anbietet. Restaurant (teuer) und Austernbar liegen im zauberhaften und ein bisschen irre aussehenden ehemaligen Michelin House, einst Londoner Verwaltungssitz und Lager des Reifenfabrikanten.

FRANZÖSISCHE HOCHKÜCHE MIT SCHOTTISCHEM TEMPERAMENT

Von ihm war ja schon die Rede und wird weiter unten noch die Rede sein. Zu Recht, denn Gordon Ramsay, gebürtiger Schotte, betreibt allein in London 15 Restaurants. Mit seinem nach ihm benannten Dreisterne-restaurant legte er den Grundstein zu diesem mittlerweile weltumspannenden Imperium. Berühmt für seine Hummer-Ravioli (»jede zehnte Ravioli-Nudel reißt, weil der Teig so hauchdünn ist«) und seine französisch geprägten Haupt-gerichte, ist dieses Restaurant etwas für einen ganz besonderen Anlass. Schon der Lunch, völlig verständlich bei dem Aufwand, wie Sie gleich sehen werden, schlägt für drei Gänge mit 120 Pfund zu Buche. Und dann halten Sie noch kein Glas Champagner in der Hand.

Apropos: Handfest kann Ramsay auch, immer-hin kommt er wie einige Köche seines Kalibers aus sehr einfachen Verhältnissen, musste schon als Halbwüchsiger Geld dazuverdienen und verließ mit 16 die Schule. Aus seinem hemds-ärmeligen Restaurant **Gordon Ramsay Park and Grill** stammt der Klassiker für den englischen Sonntag. Ein Sonntagsbraten (siehe Seite 112), natürlich mit Yorkshire Pudding (siehe Seite 113) als Beilage.

Gordon Ramsay sagte mir im Interview, dass Ravioli machen (siehe Seite 108) für ihn wie Meditation sei. Mit anderen Worten: Bringen Sie beim Nachkochen Zeit und Muße mit. Der Teig ist aufgrund des hohen Eiergehalts in der Tat nicht so einfach zu verarbeiten wie ein herkömmlicher Pasta-teig. Deshalb macht es auch Sinn, nicht alles Eigelb auf einmal ins Mehl zu kippen (ich spreche aus Erfahrung). Den Teig, sagt Ramsay, bitte auf einer kalten Arbeitsfläche verarbeiten, ein Marmorbrett wäre ideal.

GORDON RAMSAY
BREAD STREET
KITCHEN
STREET PIZZA
GORDON RAMSAY

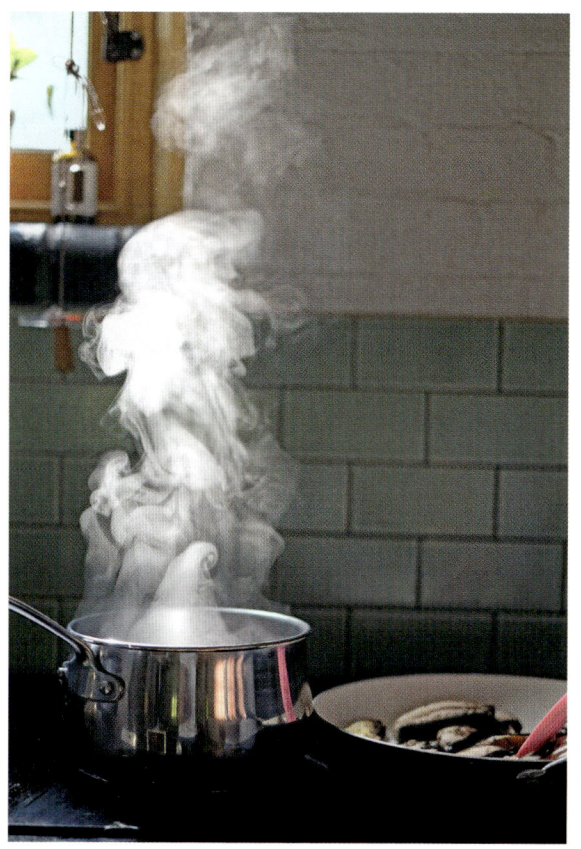

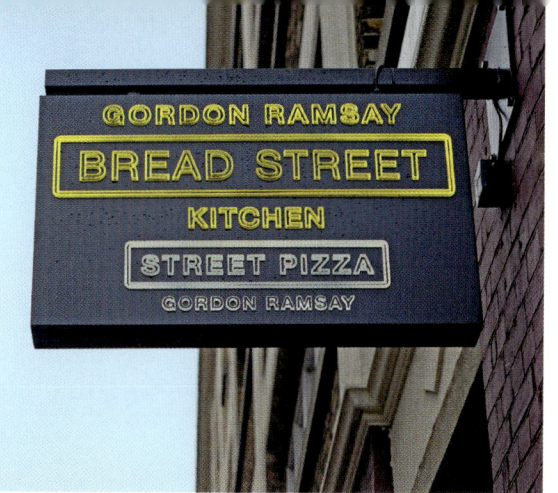

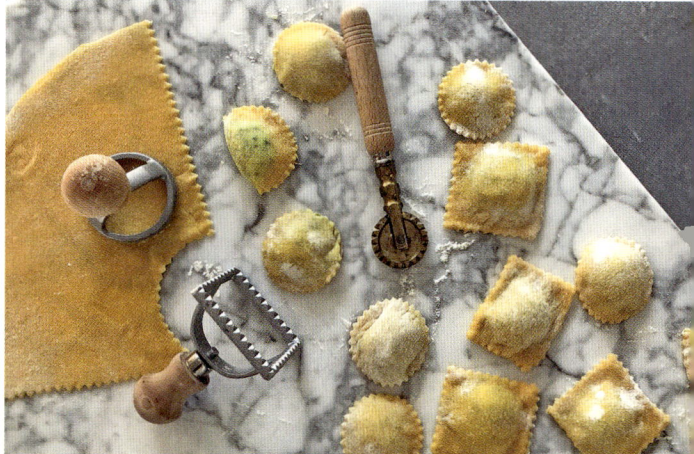

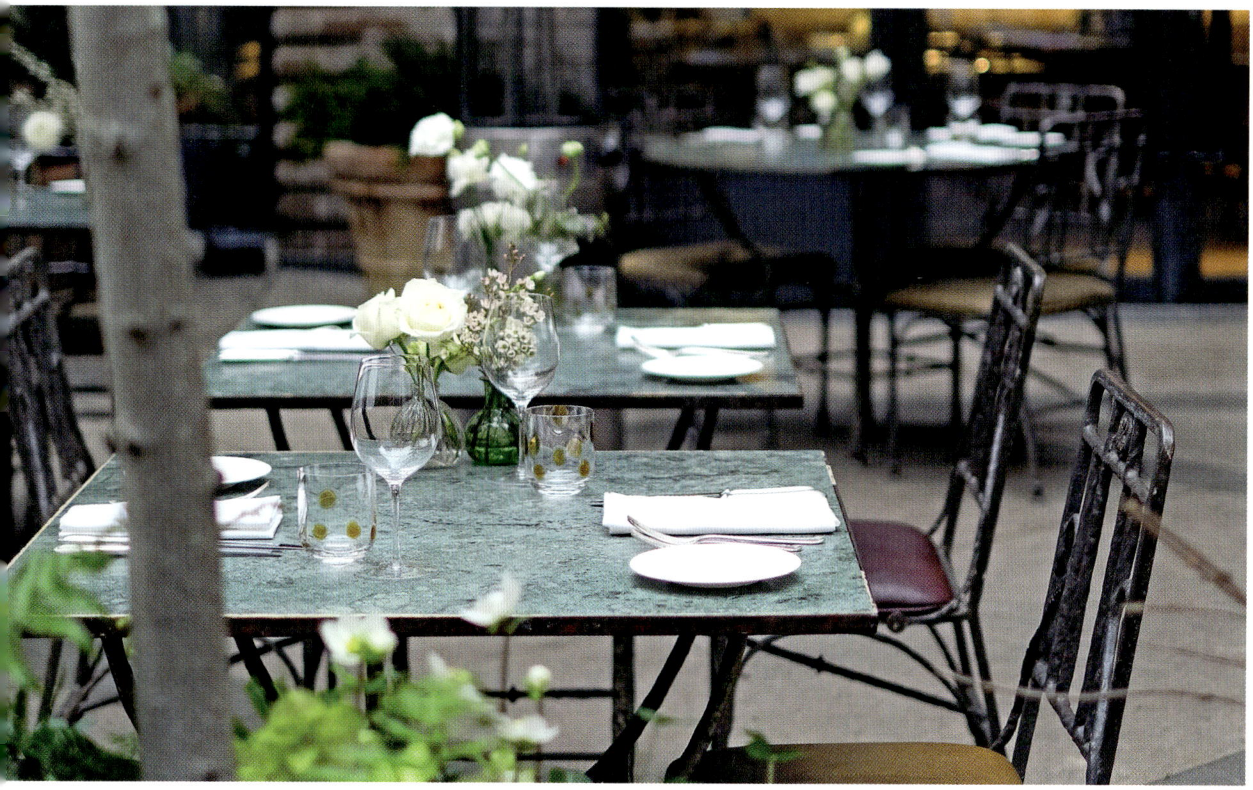

LOBSTER RAVIOLI
Hummer-Ravioli

FÜR 4 PERSONEN

FÜR DEN PASTATEIG
300 g Pastamehl Tipo 00
(erhältlich im gut sortierten
Supermarkt) + mehr zum
Arbeiten
1 TL Salz
1 EL Olivenöl extra vergine
4 zimmerwarme Eier
3 Eigelb

FÜR DIE FÜLLUNG
10 Blätter Basilikum
1 unbehandelte Zitrone
200 g Lachsfilet
1 Eiweiß
Salz
schwarzer Pfeffer aus der
Mühle
200 g Hummerfleisch

FÜR GARSUD UND SAUCE
1 Karotte
1 Zwiebel
1 Knoblauchzehe
1 Stange Bleichsellerie
1 Stängel Zitronengras
2 EL Olivenöl
2 Hummerkarkassen
1 TL Tomatenmark
1 EL Brandy
500 ml Kalbsbrühe
1 l Hühnerbrühe
2 EL Konditorsahne
(35 % Fettgehalt)

FÜR DAS TOMATENCHUTNEY
10 Blätter Basilikum + mehr
zum Garnieren (optional)
4 Eiertomaten
2 EL Olivenöl
Salz
schwarzer Pfeffer aus der
Mühle

FÜR DIE ZITRONENVINAIGRETTE
1 EL Zitronensaft
4 EL Olivenöl extra vergine
Salz

Für den Teig das Mehl auf einer kalten Arbeitsfläche auftürmen. Mit einer Gabel in der Mitte eine Vertiefung bilden. Das Salz mit dem Olivenöl verquirlen und in die Vertiefung geben. Die Eier und zwei Eigelb mit einem Schneebesen in einer Schüssel verquirlen. Ein Drittel der Eimasse in die Vertiefung gießen. Mit der Gabel portionsweise Mehl unter die Eier rühren. Wenn das Mehl die Flüssigkeit aufgenommen hat, die nächste Portion Mehl einarbeiten. Wenn das gesamte Mehl eingearbeitet ist, die Hände bemehlen und den Teig etwa 10 Minuten verkneten, bis er glatt und elastisch ist. Dann in Frischhaltefolie wickeln und für mindestens 20 Minuten im Kühlschrank ruhen lassen.

Für die Füllung die Basilikumblätter in ganz feine Streifen schneiden. Die Zitronen waschen, die Schale fein abreiben und den Saft auspressen. Das Lachsfilet abbrausen und trockentupfen. In der Küchenmaschine fein pürieren, dabei das Eiweiß angießen, bis sich eine Paste bildet. Diese salzen und pfeffern. Das Hummerfleisch verlesen und zerzupfen. Die Lachspaste mit dem Hummerfleisch, dem Basilikum, der Zitronenschale und -saft vermengen. Nach Geschmack nachwürzen. Mindestens 10 Minuten kalt stellen.

Für den Garsud und die Sauce die Karotte waschen, schälen und fein hacken. Die Zwiebel sowie den Knoblauch abziehen und fein hacken. Die Selleriestange waschen, entfädeln und ebenfalls fein hacken. Das grobfaserige dicke Ende vom Zitronengrasstängel abtrennen, die äußeren Blätter entfernen, bis der Stängel biegsam wird. Dann den Stängel fein hacken.

Das Olivenöl in einem Topf erwärmen. Die Karotte, die Zwiebel, den Knoblauch, den Sellerie und das Zitronengras darin mehrere Minuten anschwitzen, bis die Zwiebel glasig wird. Die Karkassen, das Tomatenmark und den Brandy zufügen und kurz stark erhitzen, dann mit der Kalbs- und der Hühnerbrühe ablöschen. Nochmals durchrühren, aufkochen und abgedeckt bei niedriger Temperatur 40 Minuten köcheln lassen. Anschließend durch ein Sieb abseihen. Die Hälfte der abgeseihten Mischung in einem kleinen Topf bei hoher Temperatur in etwa 30 Minuten auf die Hälfte einkochen lassen. Zuletzt die Sahne zugeben und alles zu einer Sauce verrühren. Die andere Hälfte der abgeseihten Mischung beiseitestellen, sie ist als Garsud zum Dämpfen der Ravioli gedacht.

Für das Chutney Wasser in einem großen Topf erhitzen, bis es sprudelt. Die Basilikumblätter fein schneiden. Die Tomaten von den Stielansätzen befreien, an beiden Enden kreuzweise einschneiden, damit sie sich leicht enthäuten lassen. Ein Eiswasserbad vorbereiten. Die Tomaten 30 Sekunden im heißen Wasser kochen, bis sich die Haut löst. Dann die Tomaten herausheben und ins Eiswasserbad legen. Enthäuten, halbieren, entkernen und das Fruchtfleisch würfeln. Das Olivenöl in einer Pfanne erhitzen und die Tomatenwürfel darin 20 Minuten garen. Das Basilikum unterrühren, salzen und pfeffern.

Für die Zitronenvinaigrette alle Zutaten mit einem Schneebesen cremig rühren.

Die Pastamaschine auf die größte Öffnung einstellen. Hände und Maschine bemehlen. Den Teig in Stücke teilen. Jedes Stück zweimal durch jede Öffnung drehen, dabei stufenweise die Öffnung verkleinern. Der Teigfladen wird sehr, sehr lang, bestimmt zwei Meter (Gordon Ramsay schlägt vor, dass Sie jemanden mit dem Teighalten beauftragen). Die Teigfladen lose aufeinanderlegen, dann auseinanderziehen und daraus Kreise von 10 cm Ø ausstechen.

Das übrige eine Eigelb verquirlen. Auf die Hälfte der Teigkreise je 1 EL Füllung in die Mitte setzen. Die Teigränder mit Eigelb einstreichen. Die übrigen Ravioli-Kreise ebenfalls am Rand mit Eigelb einstreichen, jeweils einen über die Kreise mit der Füllung setzen und an den Rändern fest andrücken. Die fertigen Ravioli auf einer Platte nebeneinanderlegen. Leicht mit Mehl bestäuben und mit Frischhaltefolie bedecken.

Zum Fertigstellen den Garsud erhitzen. Die Ravioli portionsweise darin etwa 90 Sekunden garen. Dann mit einem Schaumlöffel herausheben und in der Zitronenvinaigrette wenden. Jeweils 3 EL Tomatenchutney auf vier Tellern verteilen, darauf die Ravioli setzen, mit der Sauce beträufeln und nach Belieben mit Basilikum garnieren.

▶ *Hummerkarkassen kann der Fischhändler auf Vorbestellung besorgen.*

ROAST BEEF WITH CARAMELIZED ONION GRAVY

Roastbeef mit Sauce aus karamellisierten Zwiebeln

FÜR 8 PERSONEN

Bitte die Ruhezeiten beachten!

1 Knoblauchknolle mit etwa
   12 Zehen
6 Zweige Thymian
1,8 kg Sirloin-Steak
4 EL Olivenöl
4 Haushaltszwiebeln
150 g Weizenmehl Type 405
1,5 l Rinderbrühe
500 ml kräftiger Rotwein

Die Knoblauchknolle halbieren. Den Thymian waschen, trockenschütteln und die Blättchen von fünf Zweigen abrebeln. Das Fleisch abbrausen, trockentupfen und mit den Knoblauchhälften einreiben. Das Olivenöl mit den Thymianblättchen verrühren und das Fleisch mit dieser Marinade einreiben. Dann in eine ofenfeste Form legen und abgedeckt mindestens 1 Tag im Kühlschrank marinieren lassen.

Das Fleisch 1 Stunde vor der Zubereitung aus dem Kühlschrank nehmen (die ofenfeste Form nicht waschen, diese wird samt der Marinade noch gebraucht). Den Backofen auf 190 °C Ober-/Unterhitze vorheizen. Eine große Pfanne auf höchste Temperatur erhitzen. Das Fleisch darin von allen Seiten anbräunen. Dann zurück in die ofenfeste Form geben und im Ofen mit dem restlichen Thymianzweig für medium rare (Gordon Ramsays Empfehlung) etwa 45 Minuten garen. Wer es eher medium durchgebraten mag, gart das Fleisch im Ofen noch weitere 10 Minuten, und für ganz durchgebraten braucht es insgesamt 65 Minuten.

Bratensud und -reste am Boden der ofenfesten Form abkratzen. Die Zwiebeln abziehen und fein schneiden. Die Braten(sud)reste in einer Pfanne erhitzen, die Zwiebeln zugeben und bei niedriger Temperatur etwa 40 Minuten garen, bis sie weich und karamellisiert sind. Anschließend das Mehl unterrühren. Die Rinderbrühe erhitzen und angießen. Bei mittlerer Temperatur weitergaren, bis die Flüssigkeit etwa auf die Hälfte reduziert ist.

Eine ofenfeste Servierplatte vorwärmen. Den Braten aus der Form nehmen, auf die Platte legen, mit Alufolie abdecken und mindestens 20 Minuten ruhen lassen, sonst tritt der Bratensaft aus. Das Fleisch gart in dieser Zeit noch nach.

Dann zum Anrichten das Fleisch dünn aufschneiden und mit der Sauce servieren. Dazu passen Yorkshire Puddings (Rezept siehe Seite 112). Gordon Ramsay empfiehlt als Gemüsebeilage gedünstetes Grüngemüse, beispielsweise Mangold.

YORKSHIRE PUDDINGS

FÜR 8 PERSONEN

3 Eier
125 g Weizenmehl Type 405
½ TL Meersalz
150 ml Vollmilch
Pflanzenöl für die Form

Die Eier in einer Schüssel sorgfältig verquirlen. Das Mehl mit dem Salz in eine zweite Schüssel sieben. Dann portionsweise mit einem Schneebesen unter die Eier rühren, bis die Masse glatt ist. Dann nach und nach die Milch unterrühren. Den Teig abgedeckt bei Zimmertemperatur etwa 1 Stunde ruhen lassen.

Inzwischen den Backofen auf 220 °C Ober-/Unterhitze vorheizen. Traditionell wird zum Backen eine spezielle Yorkshire-Pudding-Form verwendet, wer keine hat, nimmt stattdessen eine große Muffinbackform und gießt in die restlichen Mulden einfach Wasser. Sechs Mulden mit je 2 TL Öl einfetten. Die Form 15 Minuten in den Ofen stellen, damit das Öl ganz heiß wird (wichtig!).

Den Teig nochmals durchrühren und in einen Krug umgießen. Vorsichtig in die Mulden mit dem heißen Öl füllen (bitte wirklich Vorsicht walten lassen und eine Schürze tragen, denn das Öl spritzt). Die Puddings im Ofen auf der mittleren Schiene 15 Minuten backen, bis sie schön aufgegangen sind und Farbe angenommen haben. Sofort heiß servieren.

KENSINGTON

Ein verträumter kleiner Stadtteil ist Kensington westlich von Kensington Gardens. Hier lebt man, wenn man sehr viel Geld hat, guten Geschmack, Kinder und einen grünen Daumen. Als Tourist ist das ein wunderbarer Ort, um ein bisschen zur Ruhe zu kommen. Auch die Pubs sind viel angenehmer als in der City, wo die Banker lauthals werden können, oder in Chelsea und South Kensington, wo sich die ganze Welt drängelt. Der **Scarsdale Tavern** ist ein typisches Beispiel für einen gemütlich eingerichteten Pub, in den man am liebsten einziehen möchte. Neben Bierklassikern wie London's Pride vom Fass hat er natürlich englische Schaumweine wie Chapel Down im Angebot, aber wenn Sie gerade im Lotto gewonnen haben (oder wenn Sie meinen Ausführungen nicht trauen), können Sie im Scarsdale Tavern auch flaschenweise Dom Pérignon kaufen; die Gegend ist *posh*, nobel also, aber nicht angeberisch.

Machen Sie einen Abstecher ins Linley Sambourne House, ein Privatmuseum. Bei einem Rundgang kann man sich gut vorstellen, wie Londoner Ende des 19. Jahrhunderts lebten. Edward Linley Sambourne war seinerzeit ein erfolgreicher und recht gefürchteter Cartoonist.

THE SCARSDALE TAVERN

SOUTH KENSINGTON STATION

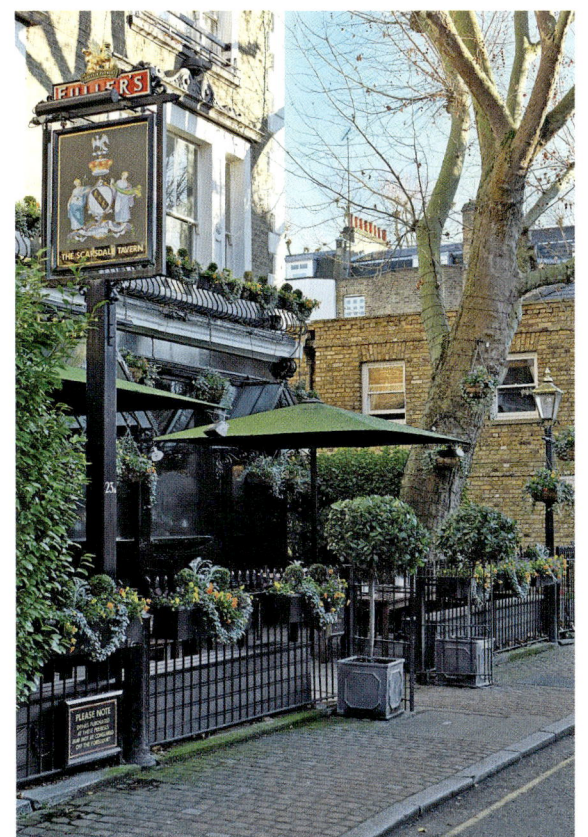

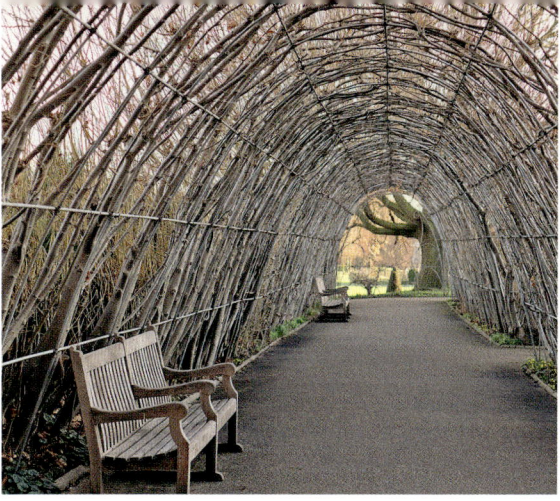

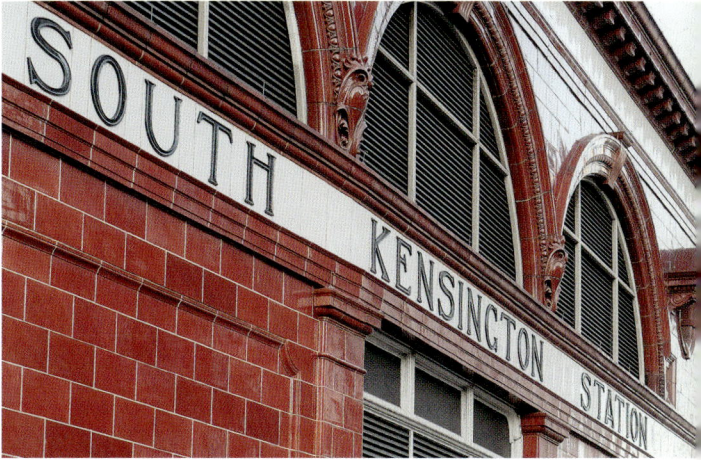

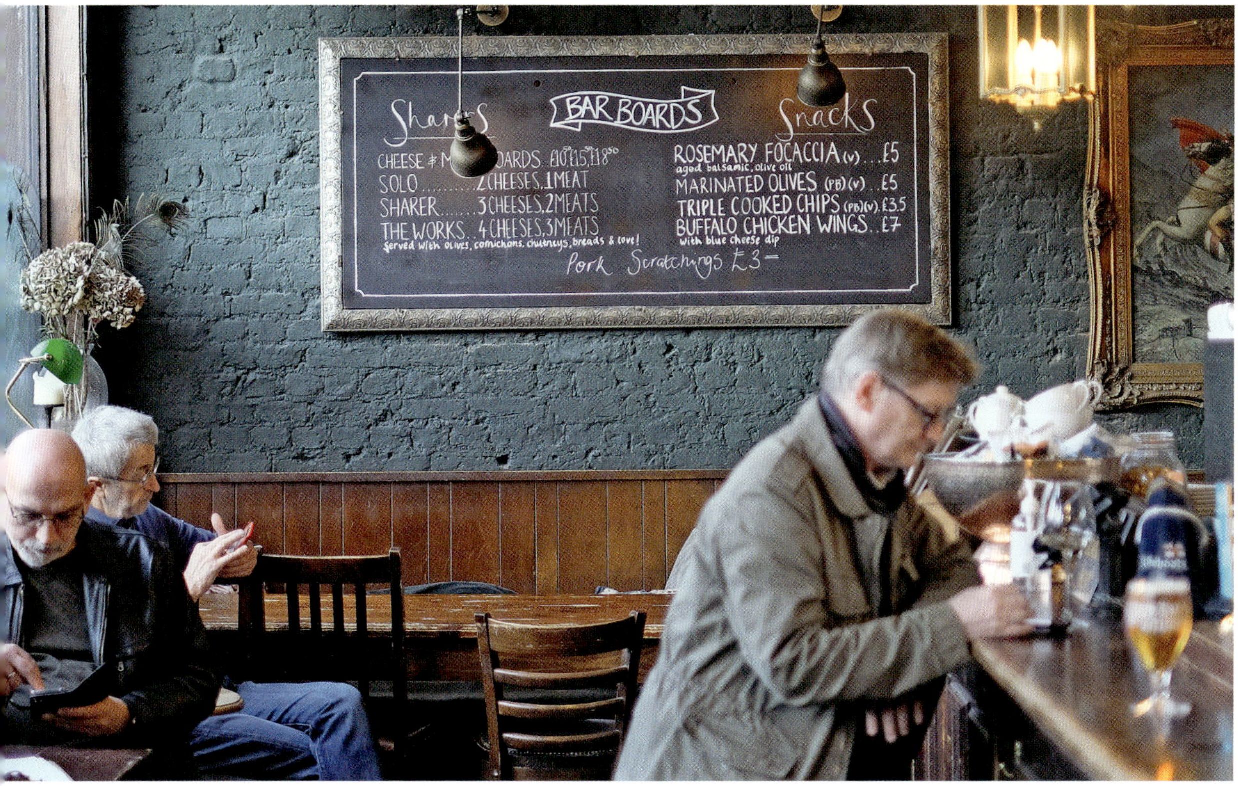
BAR BOARDS
Snacks
SOLO .... 2 CHEESES, 1 MEAT
SHARER ...... 3 CHEESES, 2 MEATS
THE WORKS . 4 CHEESES, 3 MEATS
served with olives, cornichons, chutneys, breads & love!
Pork Scratchings £3—
ROSEMARY FOCACCIA (v) . . £5
aged balsamic, olive oil
MARINATED OLIVES (PB)(V) . . £5
TRIPLE COOKED CHIPS (PB)(V). £3.5
BUFFALO CHICKEN WINGS . . £7
with blue cheese dip

DIWALI: DAS FEST DES LICHTS

Happy Diwali wünschen sich Hindus, Sikhs und Jainas, wenn das mehrtägige Fest des Lichts überall auf der Welt im Spätherbst gefeiert wird. Es ist ein bewegliches Fest, das sich nach dem hinduistischen Mondkalender richtet und zwischen Mitte Oktober bis Mitte November fünf Tage lang begangen wird. In Londons indisch geprägten Ecken zwischen Southall, Wembley und Ealing werden die Hausfassaden mit Lichterketten geschmückt, in den Wohnungen und Restaurants flackern Diwali-Kerzen, Diyas genannt. Wenn Sie Zeit für einen Abstecher in den größten Hindutempel Europas haben, den Shree Swaminarayan Mandir im Norden Londons, dann lohnt er zu diesen Feierlichkeiten ganz besonders den Besuch. Die sehr guten indischen Restaurants in der Innenstadt, die auf Michelin-Niveau spielen, bieten an diesen Tagen Menüs an, die recht kostspielig sind. Und es wird voll. Dagegen herrscht im **Dishoom** eine entspannte Atmosphäre. Diese kleine Kette wollte den Gedanken der traditionellen Cafés aus Bombay importieren. Für Neueinsteiger in die indische Küche ist ihr leckerer Burger (siehe Seite 118) ideal. Er ist übrigens vegan, nicht wegen des Trends, sondern weil das mit indischer Küche einfach geht. Die Gewürze zum Nachkochen bekommen Sie im Onlineshop von Dishoom und in gut sortierten Supermärkten überall in London, denn indische Küche ist für Engländer schon aus historischen Gründen nicht exotisch.

VADA PAV
Indischer Burger

FÜR 4 PERSONEN

FÜR DIE KARTOFFEL-PATTIES
500 g mehligkochende
    Kartoffeln
Salz
1 Bund Koriandergrün
1 grüne Chilischote
1 haselnussgroßes Stück
    Ingwer
1 kleine Knoblauchzehe
2 EL Pflanzenöl
1 TL schwarze Senfsamen
5 getrocknete Curryblätter
1 EL Kurkumapulver
2 TL Korianderkörner
1 TL Chat Masala (indische
    Gewürzmischung)

FÜR DEN AUSBACKTEIG
1 haselnussgroßes Stück
    Ingwer
100 g Kichererbsenmehl
1 TL Backpulver
½ TL Chilipulver
1 TL Kurkumapulver

AUSSERDEM
Pflanzenöl zum Ausbacken
4 Hamburger-Brötchen
4 EL Chutney (Sorte nach
    Belieben)

Für die Patties die Kartoffel schälen, waschen, fein würfeln und in Salzwasser in etwa 8 Minuten weich kochen. Anschließend abgießen und zerdrücken.

Den Koriander waschen, trockenschütteln, die Blättchen abzupfen und fein hacken. Die Chilischote waschen, putzen (dabei nach Belieben die scharfen Kerne entfernen), fein hacken und mit den Korianderblättchen unter die Kartoffeln mischen. Den Ingwer und den Knoblauch schälen, fein hacken und mit einer Gabel oder im Mörser zerdrücken.

Das Öl in einer Pfanne erhitzen. Senfsamen und Curryblätter darin kurz erhitzen, bis die Senfsamen größer werden oder aufplatzen. Das Ingwer-Knoblauch-Mus und die Hälfte der restlichen Gewürze unterrühren. 2 EL heißes Wasser angießen, kurz köcheln lassen, dann unter die zerdrückten Kartoffeln rühren. Salzen und alles zu einem Kartoffelteig vermengen. Daraus vier Patties formen.

Für den Ausbackteig den Ingwer schälen und fein reiben. Ingwer, Mehl, Backpulver und die Gewürze mit 100 ml warmem Wasser zu einem nicht zu flüssigen Teig verrühren. Diesen salzen.

Das Öl zum Ausbacken in einer großen Pfanne erhitzen. Die Kartoffel-Patties in dem flüssigen Teig wenden und im heißen Öl rundherum bei hoher Temperatur in etwa 5 Minuten knusprig ausbacken. Anschließend herausnehmen und etwas abtropfen lassen.

Die Burgerbrötchen quer halbieren und toasten oder im Ofen erhitzen und dann quer halbieren. Jeweils mit dem Chutney bestreichen, die untere Brötchenhälfte mit den Kartoffel-Patties belegen und die obere Hälfte als Deckel aufsetzen. Die Burger gleich servieren.

NOTTING HILL

Diese Tür, die sucht jeder Tourist. Sie wissen schon, die blaue Tür, hinter der sich das Leben des ungleichen WG-Paars Hugh Grant als Buchhändler und Rhys Ifans als Lebenskünstler mit zu weiter Unterhose entfaltete. Natürlich nicht im wahren Leben. Und es gibt eigentlich eine viel schönere Tür in Notting Hill, die ist rot, und wenn man sie öffnet, steht man im Kochbuchparadies. Der **Kochbuchladen Books for Cooks** führt Kochbücher aus der ganzen Welt. Kochkurse werden auch angeboten.

Gleich um die Ecke verläuft der **Portobello Market**. Präziser müsste man ihn als Marktstraße bezeichnen, denn er schlängelt sich quer durch Notting Hill und bietet je nach Wochentag und Ort an unterschiedlichen Ecken Antiquitäten, Socken oder Melonen. Rund um Elgin Crescent und Talbot Road gibt es essbare Dinge, von Obst und Gemüse bis zu Brot und Käse.

Nur einige Minuten entfernt liegt der **Pub The Cow**. Der wird geführt von einem Sprössling der Designer- und Restaurantlegende Terence Conran und gehört auf jeden Fall zu den unterhaltsamsten Pubs Londons. Wenn Sie auf ein typisch irisches Mittagessen Lust haben, probieren Sie dessen Traditionsrezept: Austern mit einem Glas Guinness.

Ach so: Die berühmte blaue Tür befindet sich an 280 Westbourne Park Road.

DE KONINCK
Fully AIR CONDITIONED
PRIVATE ROOM & HIRE
CHRISTENINGS
WEDDINGS
BIRTHDAYS
DIVORCES
WAKES

BOOKS for COOKS
THE SHOP for ALL COOKS
DELIVERIES
BOOKS for COOKS

GUINNESS

THE SUN
TRY OUR
BEER BATTER
FISH + CHIPS
AND
Sunday Roast

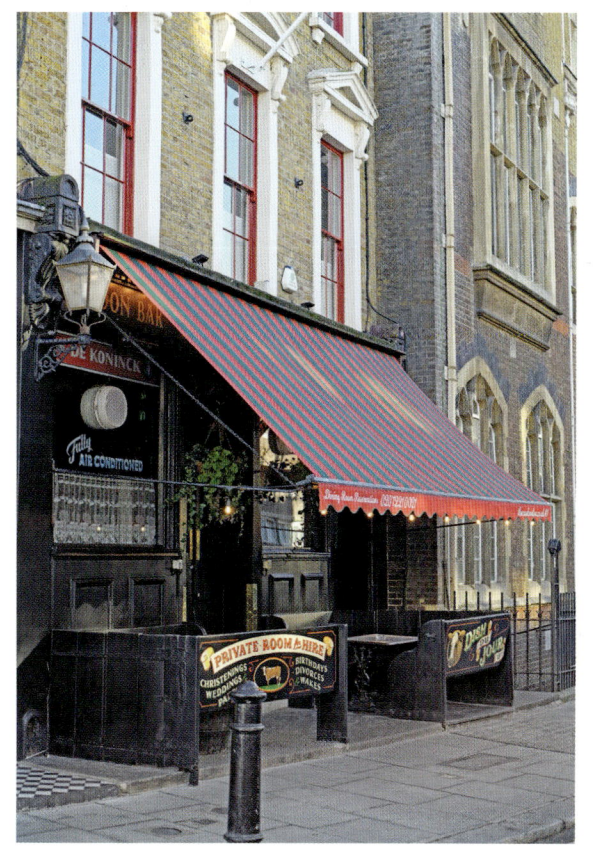

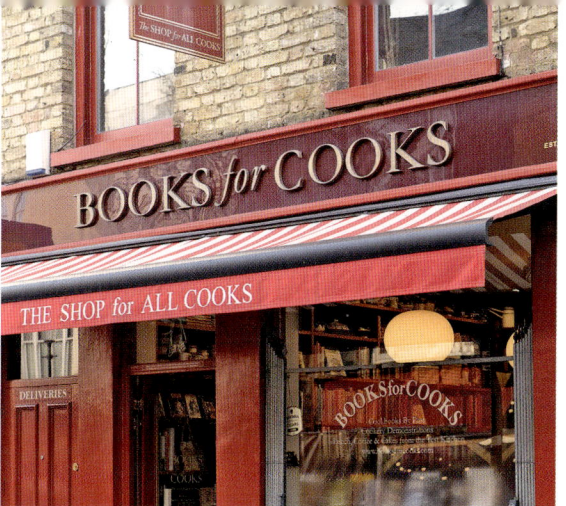

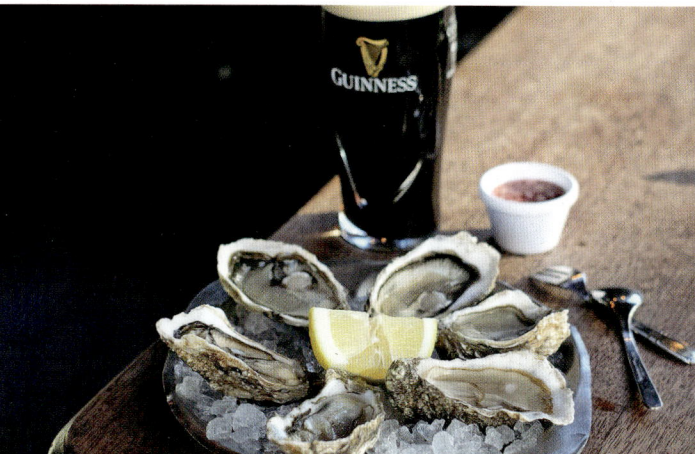

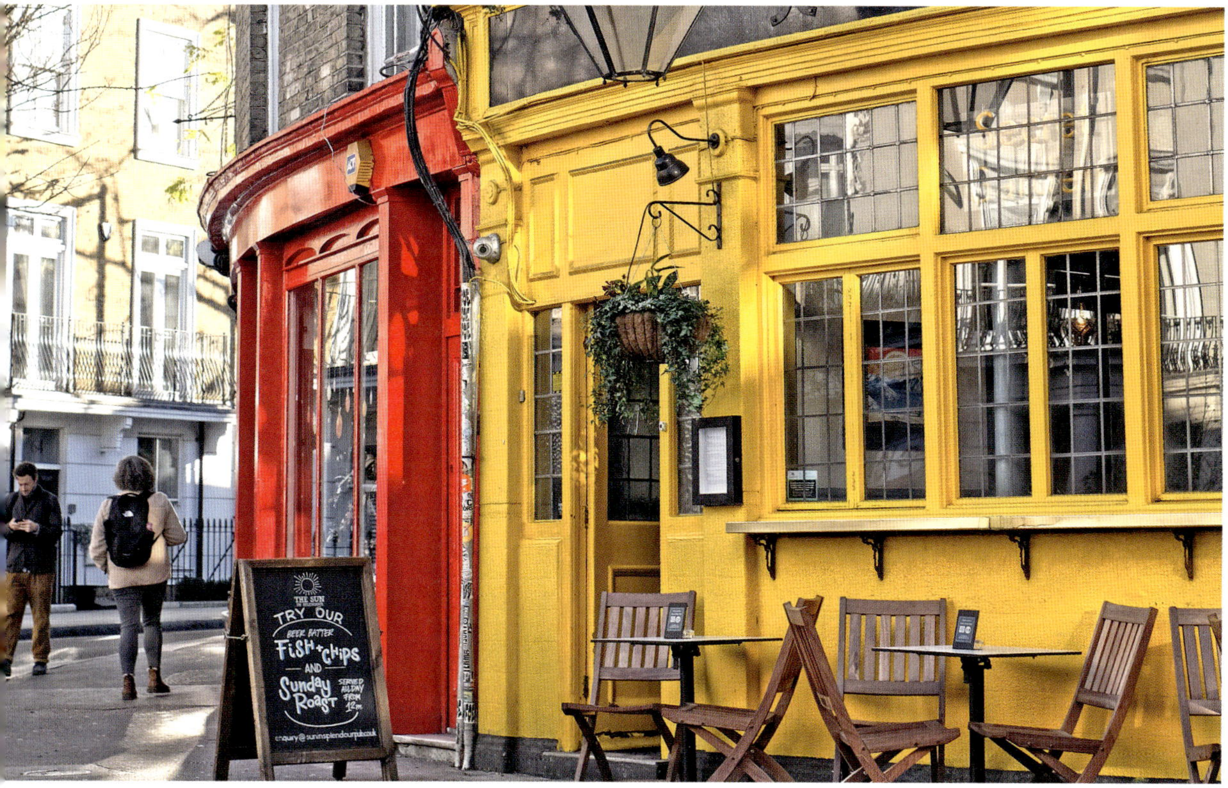

ADRESSEN

Royal Borough of Kensington and Chelsea

SITTINGBOURNE
Aitken Melrose & Co. Ltd.
Wholesale Wine Merchants
LONDON

DONNAY

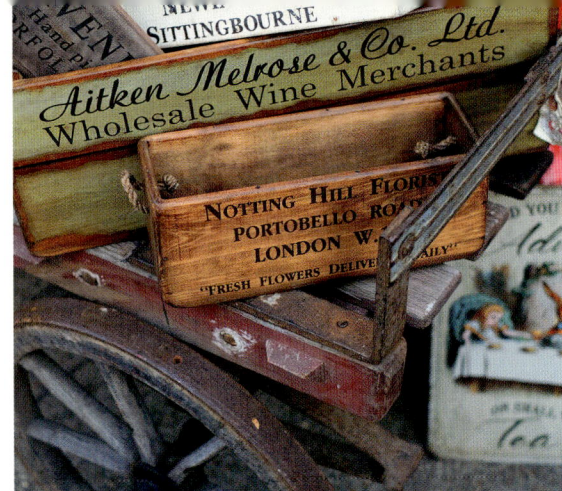

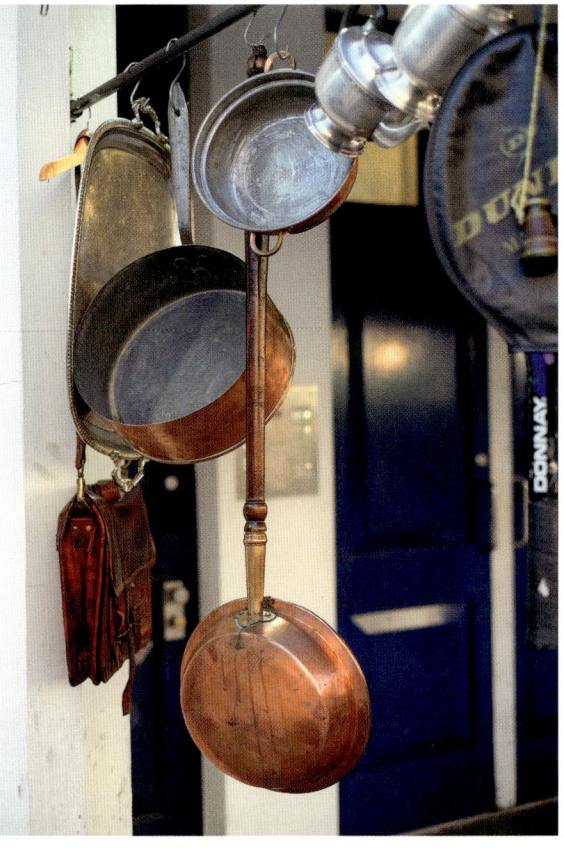

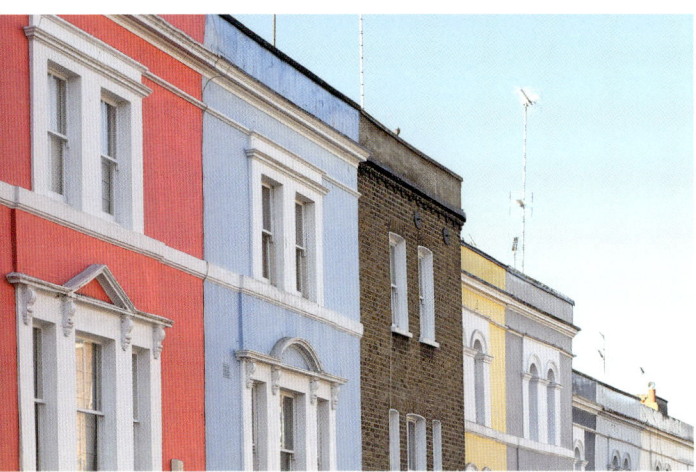

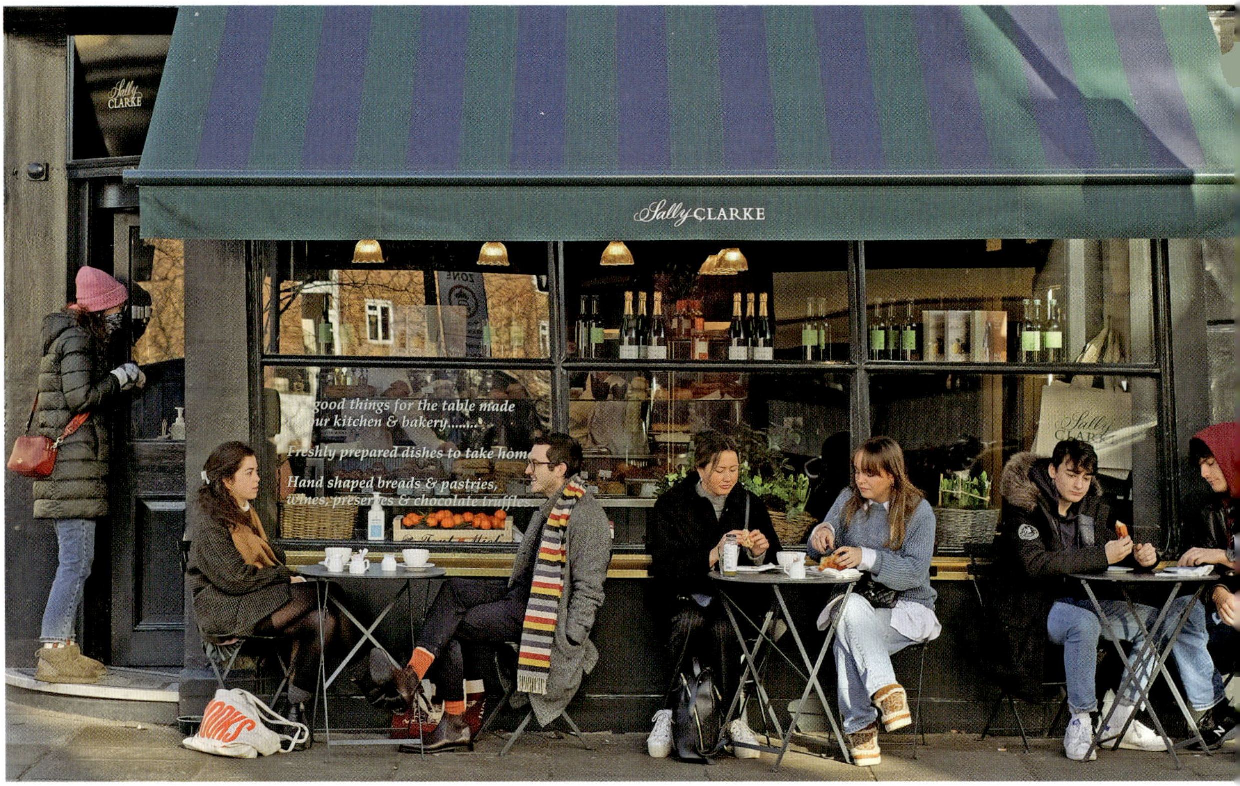
Sally CLARKE
Hand shaped breads & pastries,

LONDON BOROUGH OF CAMDEN

COME IN, WE'RE COOL !

Der längste Straßenmarkt, der ländlichste Stadtpark und das berühmteste Museum der Welt ... wer in dieser Region nördlich der Innenstadt nicht etwas findet, was ihm Spaß macht, auf den trifft vielleicht der eigentlich viel zu oft zitierte Spruch zu, dass derjenige, der an London keine Freude mehr habe, keine Freude am Leben mehr haben könne. Das wuselige Flohmarkttreiben rund um die Tube-Stationen Camden Town und Chalk Farm kontrastiert mit weitläufigem Wandern und Schwimmen in Naturbadeteichen im Hampstead Heath. Im Britischen Museum kann man Wochen verbringen und hat bei dieser Reise zurück in zwei Millionen Jahre Vergangenheit längst nicht alles gesehen. Am Tavistock Square, unweit des 1759 eröffneten British Museum, lebte die bis heute prägende Romanautorin Virginia Woolf. Sie sammelte die Bloomsbury Group aus illustren Lebens- und sonstigen Künstlern um sich. Namensgeber für diesen Kreis war der wunderschöne kleine Stadtteil Bloomsbury mit seinen Bauten aus der georgianischen und edwardianischen Epoche, der als einer der ersten seiner Zeit von Städteplanern errichtet wurde. Schönheit wird in der Tat großgeschrieben, das sieht man interessanterweise an kleinen Buchläden, von denen man es möglicherweise nicht erwartet.

BLOOMSBURY

Wenn Sie gerne in Buchläden stöbern, dann ist dieser Stadtteil wie für Sie gemacht. Bei **Treadwell's Books** gibt es Esoterik, denn dazu haben die Engländer einen ausgeprägten Hang. Wenn Sie also ausgefallene Tarotkarten suchen oder sich ins Druidentum vertiefen möchten – bitte sehr! Hingegen ist der **London Review Bookshop** als offizieller Arm des angesehenen Literaturmagazins »London Review« eine eher ernsthafte Nummer. Im angeschlossenen Café kann man in den Neuerwerbungen stöbern und ein gehaltvolles, sehr leckeres Stück *carrot cake* (siehe Seite 132) essen. Brauner Zucker verleiht diesem Kuchen eine aromatischere Süße. Wundern Sie sich auch nicht über den Einsatz von Öl anstelle Butter; es sorgt für mehr Saftigkeit.

Persephone Books ist ebenfalls ein kleiner Verlag; er hat sich auf Literatur von Frauen spezialisiert. Bei **Jarndyce** findet man Antiquarisches, vor allem aus dem 18. und 19. Jahrhundert.

books ◆ coffee ◆ lunch
London Review
BOOKSHOP
tea ◆ cakes ◆ books

THE MARVELOUS STORY OF PUSS IN BOOTS
BY LOUIS WAIN
MURIEL'S DREAMLAND
THE ARTIST'S OWN ART UNION
Dickens Battle of Life
1846 £80
Louis WAIN Puss in Boots
1908 £380
WILD FLOWERS
SCIENCE

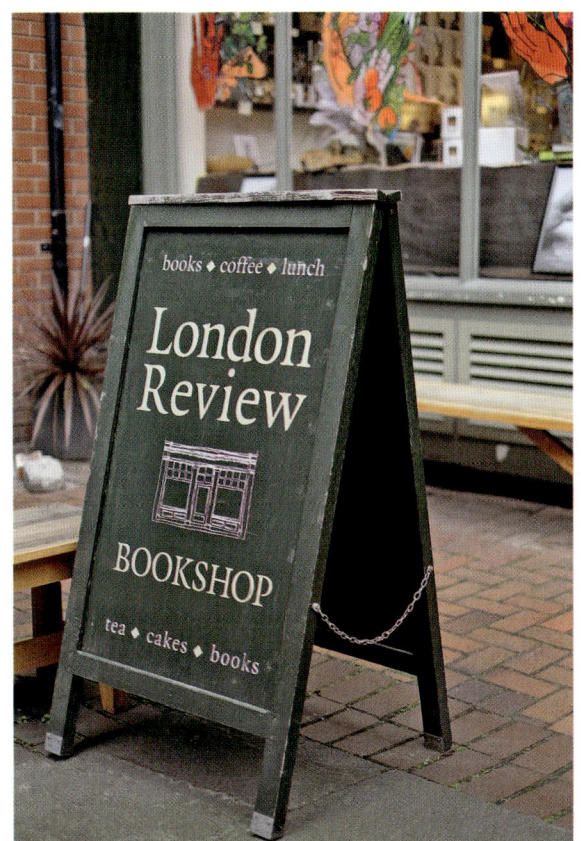

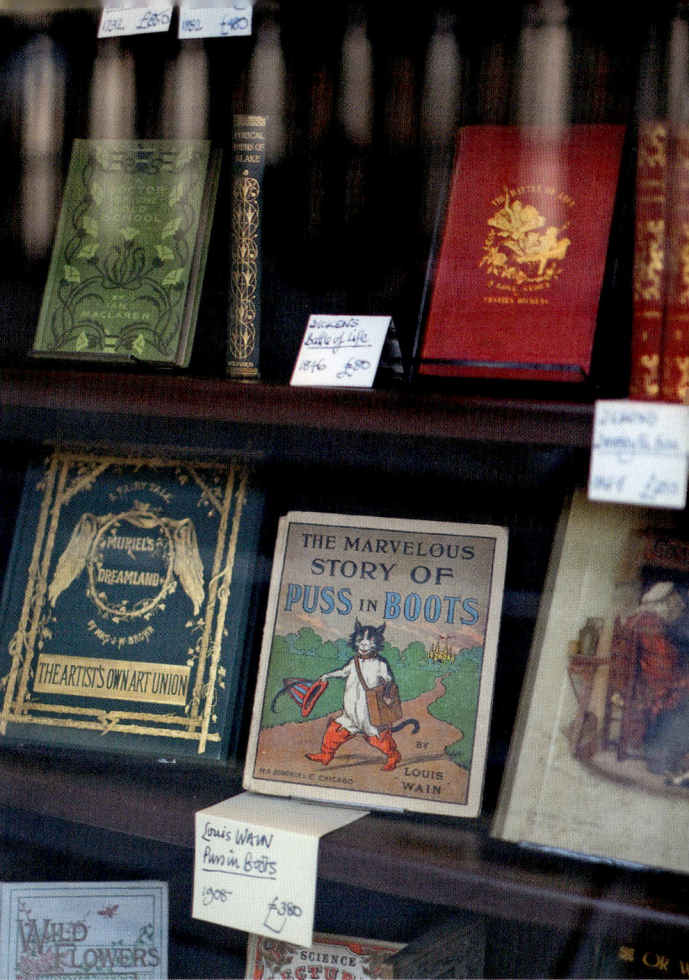

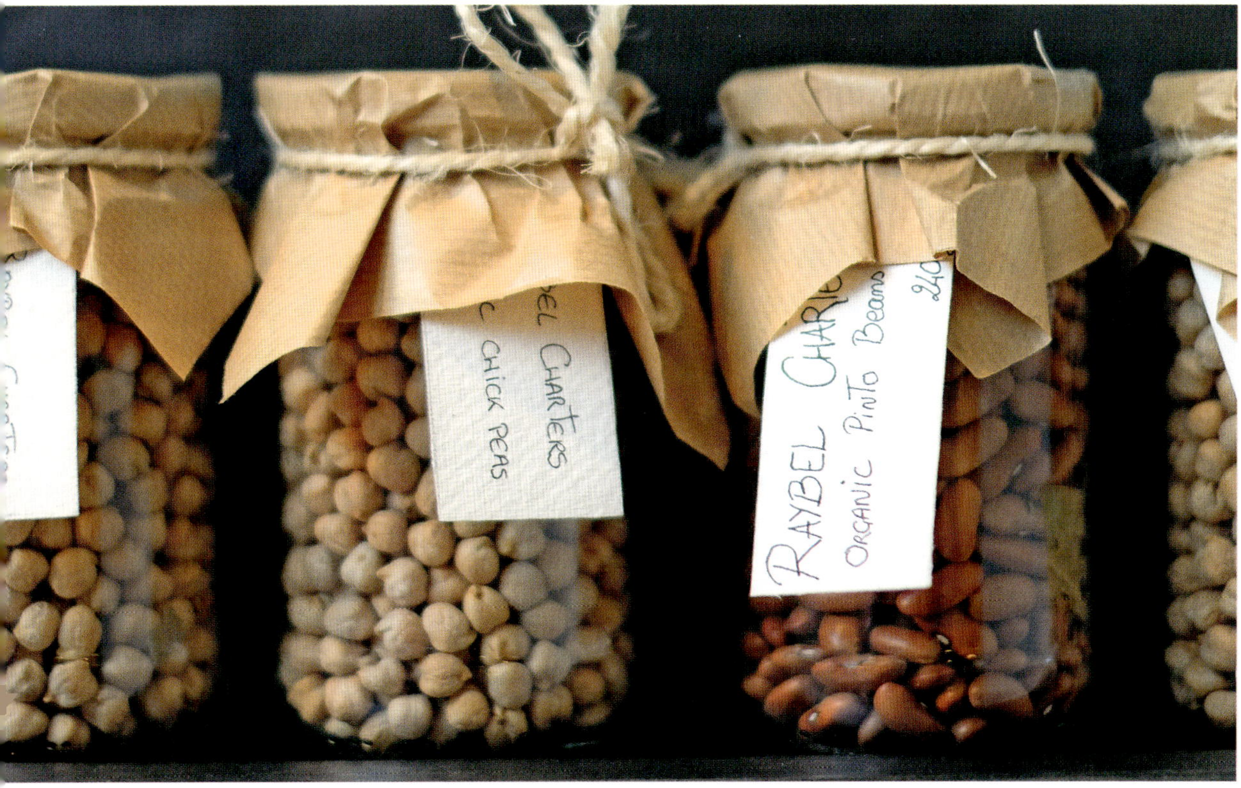
CHARTERS
CHICK PEAS
ORGANIC PINTO BEANS

CARROT CAKE

FÜR ETWA 12 STÜCKE

FÜR DEN TEIG
2 Eier
400 g Karotten
1 unbehandelte Orange
250 g Weizenmehl Type 405
100 g gemahlene
  Mandelkerne
1 Pck. Backpulver
1 TL Backnatron
150 g brauner Zucker
150 ml geschmacksneutrales
  Pflanzenöl
1 EL Orangenblütenwasser
  (erhältlich in der Apotheke
  oder im türkischen
  Lebensmittelgeschäft)
½ TL Kardamom- oder
  Zimtpulver
1 EL Butter

FÜR DAS FROSTING
150 g Crème fraîche
100 g Mascarpone
2 EL Puderzucker

AUSSERDEM
Physalis oder Orangenfilets
  zum Garnieren

Für den Teig den Backofen auf 180 °C Ober-/Unterhitze vorheizen. Die Eier trennen und das Eiweiß in einer Rührschüssel steif schlagen, dann beiseitestellen. Die Karotten schälen und fein raspeln. Die Orange waschen, die Schale fein abreiben und den Saft auspressen. Die Karottenraspel mit dem Orangenabrieb und -saft vermengen und einige Minuten marinieren lassen.

Inzwischen das Eigelb mit dem Mehl, den gemahlenen Mandeln, dem Backpulver, dem Backnatron und dem Zucker in einer zweiten Rührschüssel verrühren. Das Pflanzenöl angießen und einarbeiten. Danach das Orangenblütenwasser, den Kardamom und die Karotten mit der Marinade unterziehen. Den Eischnee mit einem Küchenspatel unter die Masse heben; so wird der Teig etwas luftiger.

Eine Springform (etwa 22 cm Ø) einfetten. Den Teig in die Form geben und glatt streichen. Den Kuchen im Ofen auf der mittleren Schiene 50 Minuten backen (Stäbchenprobe machen). Anschließend abkühlen lassen, danach aus der Form heben.

Für das Frosting die Zutaten glatt rühren und auf dem Kuchen verstreichen. Den Carrot Cake vor dem Servieren mit Physalis oder Orangenfilets garnieren.

▶ *Wenn es etwas festlicher sein soll, können Sie den Kuchen füllen. Verdoppeln Sie dazu die Zutatenmenge für das Frosting. Schneiden Sie den Kuchen mit einem Tortenschneider quer durch (für die Methode mit dem Faden ist er zu gehaltvoll). Verstreichen Sie ein Drittel der Frostingcreme auf der unteren Teigplatte, setzen Sie die andere Platte darauf und verstreichen Sie das restliche Frosting an den Seiten und oben.*

PESCADO FRITO – ODER EINFACH FISH & CHIPS

Sicherlich möchten Sie Fish & Chips probieren? Wenn sie gut gemacht sind, ist dieses Gericht wirklich wunderbar. Gut gemacht bedeutet, dass der Fisch frisch ist, dass das Öl zum Frittieren guter Qualität ist und noch nicht oft verwendet und dass die Pommes frites zweimal frittiert werden. Dann werden sie schön knusprig und das Frittierfett kann nicht eindringen. Ob man das Gericht wie bei Harrods sehr elegant und teuer serviert bekommt oder ob man es, wie früher überall im Königreich, am Freitagabend von der Fish-&-Chips-Bude nebenan holt, ist Ansichtssache. Mein persönlicher Tipp ist **Toff's Takeaway** und Restaurant, aber das ist in Muswell Hill im Norden Londons. Das liegt dann doch etwas weitab vom Schuss. Es sei denn, Sie kennen noch das Album »Muswell Hillbillies« der Band »The Kinks« und wollen diesen Stadtteil erkunden. Eine gute innerstädtische Alternative zu Toff's ist **North Sea Fish**, gleichermaßen beliebt bei Touristen und Londonern.

Zum Servieren Fish & Chips stilecht in Zeitungspapier einwickeln (heutzutage empfiehlt sich dafür spezielles Einschlagpapier in Zeitungsoptik). Engländer kippen gerne Sarson's Vinegar darüber. Fragen Sie in Großbritannien bloß nicht nach Mayonnaise für Ihre Chips, es sei denn, Sie lassen sich gerne auslachen.

Interessanterweise ist die Kombination aus frittiertem Fisch und frittierten Kartoffeln gar nicht so alt, sondern kam Mitte des 19. Jahrhunderts auf. Noch interessanter: Die Ursprünge des frittierten Fisches liegen keinesfalls in der englischen, sondern in der jüdisch-sephardischen Tradition begründet. Auf dem Kontinent war *pescado frito*, frittierter Fisch, in den jüdisch-sephardischen Kulturen längst begründet. Anfang des 19. Jahrhunderts kamen im Londoner East End (Ziel vieler jüdischer Flüchtlinge) dann die ersten Fish-&-Chips-Buden auf.

NORTH SEA
FISH
W
E
S

Camden
LEIGH
STREET WC1
NORTH SEA FISH
Tel 02073875892
Take Away

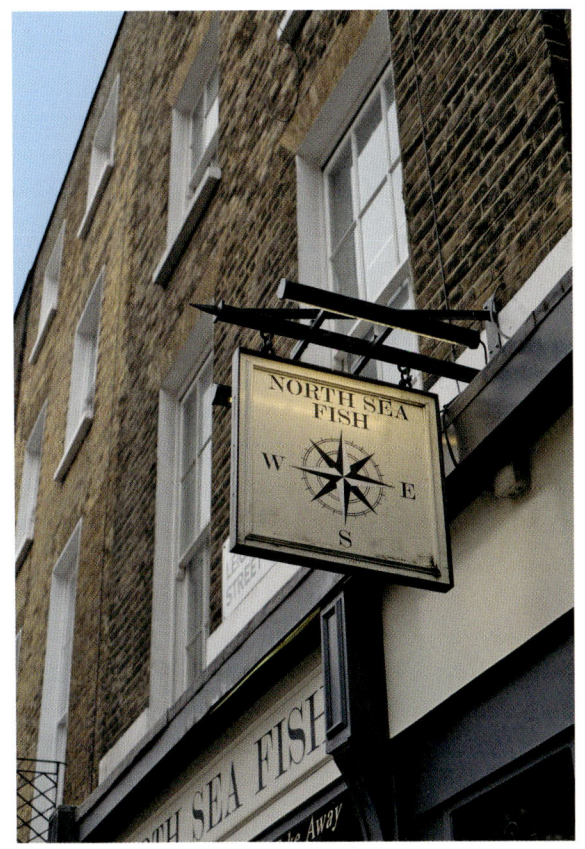

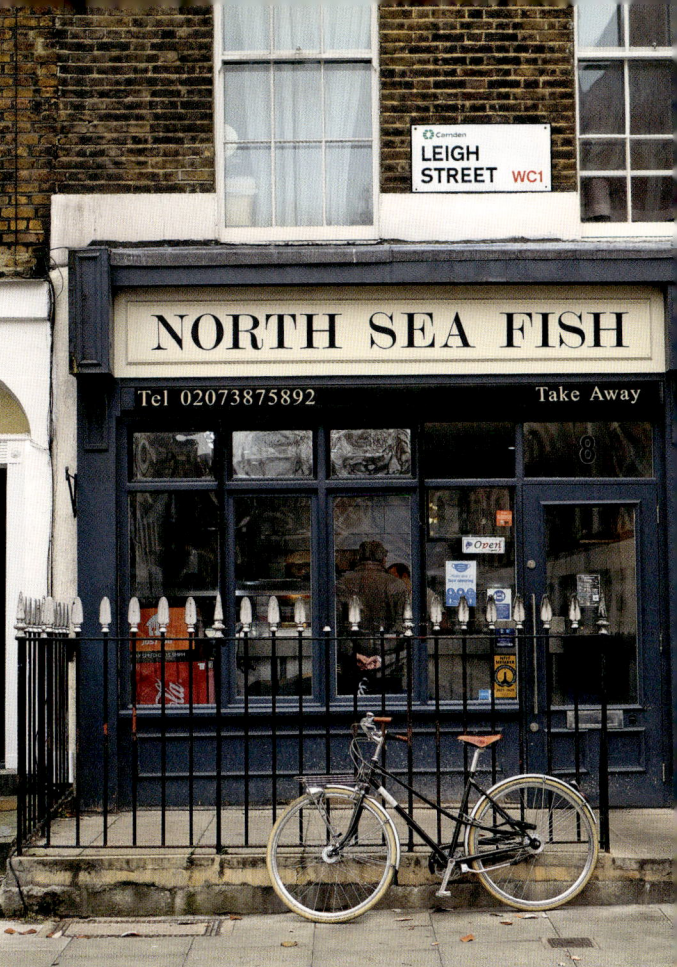

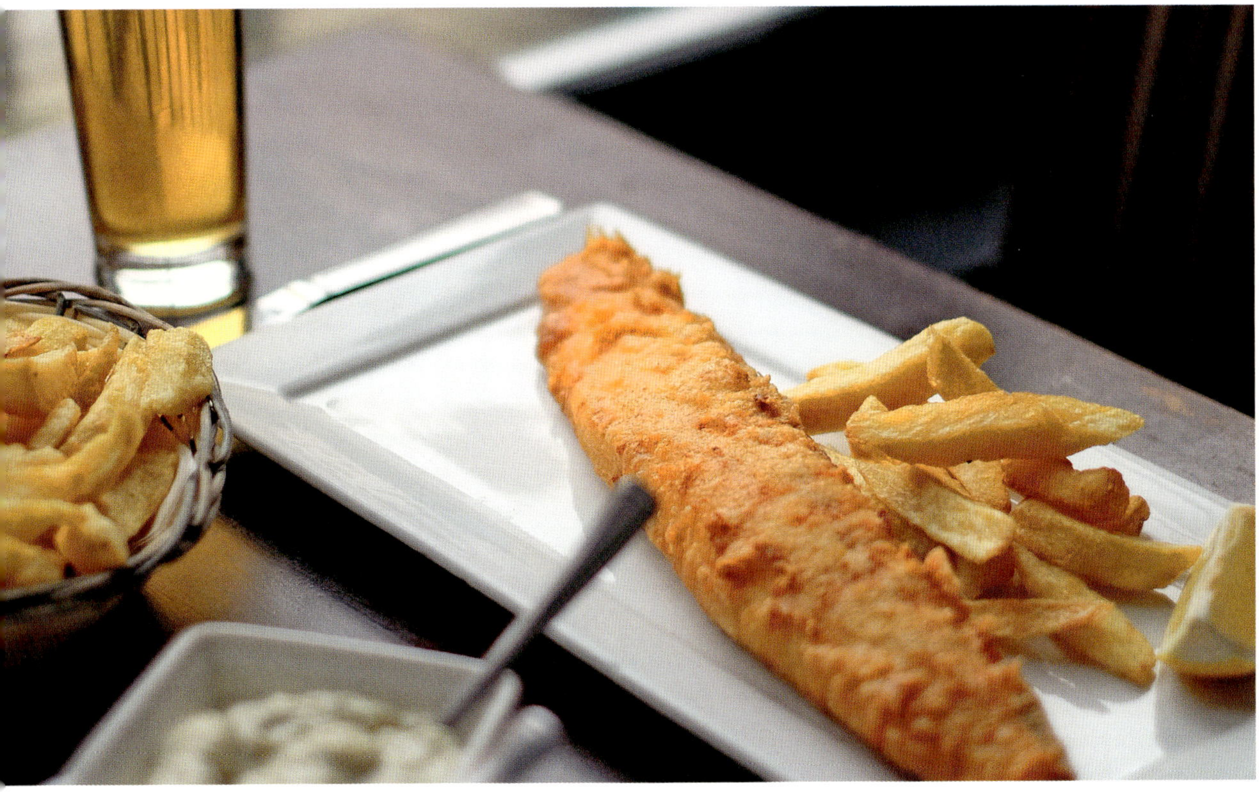

FISH & CHIPS

FÜR 4 PERSONEN

FÜR DEN FISCH
1 kg Weißfischfilet
80 g Reismehl
250 g Weizenmehl Type 405
1 Ei
1 Prise Salz
2 EL Weißweinessig
Pflanzenöl zum Frittieren

FÜR DIE CHIPS (POMMES FRITES)
1,5 kg mehligkochende
   Kartoffeln (in England
   verwendet man die Sorte
   Maris Piper)
Pflanzenöl zum Frittieren

Für den Fisch die Filets abbrausen, sorgfältig trockentupfen und im Reismehl wenden. Beide Mehlsorten mit dem Ei und 150 ml lauwarmem Wasser zu einem glatten Backteig rühren. Die Konsistenz soll an Pfannkuchenteig erinnern; ist sie noch zu fest, esslöffelweise Wasser einrühren. Zuletzt den Teig mit dem Salz und Weißweinessig würzen.

Das Öl in einer Fritteuse nach Herstellerangabe auf 180 °C erhitzen. Die Filets im Backteig wenden und portionsweise im heißen Öl in 10–12 Minuten knusprig goldgelb frittieren.

Für die Chips die Kartoffeln schälen, waschen und in Pommesstäbchen von etwa 1 cm Dicke schneiden. Diese auf ein Küchentuch legen. Das Öl in einer Fritteuse auf 150 °C erhitzen. Die Chips darin einmal kurz frittieren, herausnehmen und abtropfen lassen. Die Temperatur in der Fritteuse auf 180 °C erhöhen und die Chips portionsweise darin noch mal 2–3 Minuten frittieren, bis sie außen knusprig sind und Farbe angenommen haben. Fish & Chips sofort zusammen servieren.

▶ *In London wird typischerweise Kabeljau (cod) verwendet, aber Scholle (plaice) und Schellfisch (haddock) aus anderen Landesteilen finden Sie natürlich auch.*

HAMPSTEAD

*L*eafy ist es hier, und das ist ein sehr begehrtes Charakteristikum, wenn es um den Kauf einer Immobilie geht. Londoner lieben es zwar, in der Stadt zu sein, wohnen tun sie aber gerne belaubt, im lauschigen Grünen. Hampstead und der angeschlossene Hampstead Heath sind genau das. Den Heath als Park zu beschreiben, trifft die Sache nicht, denn auf diesem über 300 Hektar großen Areal kann man alles machen: picknicken, Drachen steigen lassen, Kunst und Poesie erleben, schwimmen, wandern, von Parliament Hill (im Volksmund Kite Hill, weil hier die Drachen am besten flattern) den Blick auf die Stadt genießen, lustwandeln. Oder VIPs sehen, die sich die teuren Häuser leisten können.

Lieben Sie Dichtung? Dann auf ins **Keats House**. Einer der bedeutendsten romantischen Poeten des Landes war John Keats, der mit seinen nicht minder begabten Kollegen Lord Byron und Percy Bysshe Shelley die Dichtkunst bis heute prägte. Im Keats House, damals noch Wentworth Place, verliebte er sich in seine Nachbarin Fanny Brawne, die seine Muse wurde. Das Museum ist klein, aber sehr atmosphärisch.

Einige Minuten entfernt liegt **Burgh House**. Es stammt aus der Zeit von Queen Anne und ist über 300 Jahre alt. Hier werden Hochzeiten und Kunstausstellungen veranstaltet, zudem ist Burgh House auch im sozialen Bereich als *charity* aktiv. Im angeschlossenen Museum können Sie in die Geschichte von Hampstead eintauchen, der Garten ist ebenfalls sehenswert. Im Café mit etwas schrägen Öffnungszeiten gibt es eine Quiche des Tages, saisonal ist grüner Spargel angesagt (siehe Seite 140). Weißer Spargel ist übrigens in Großbritannien kaum erhältlich.

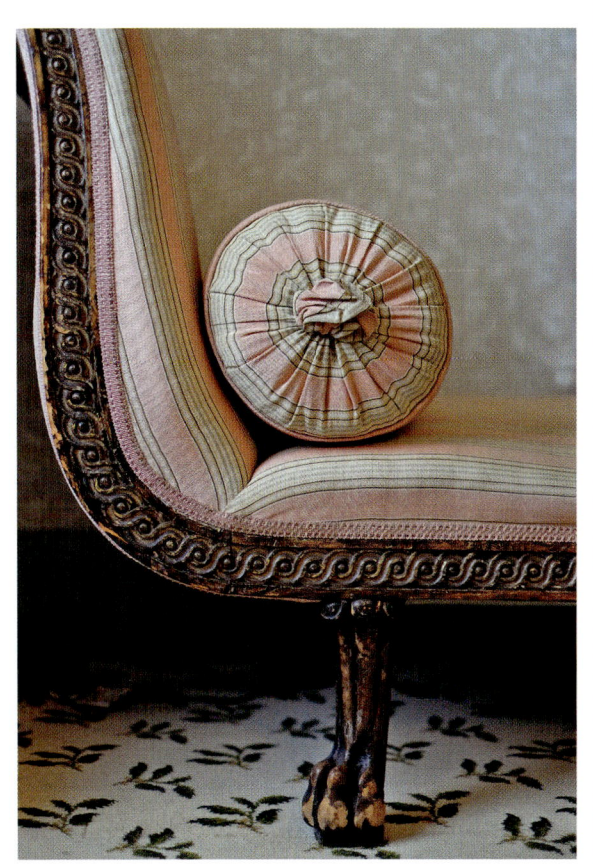

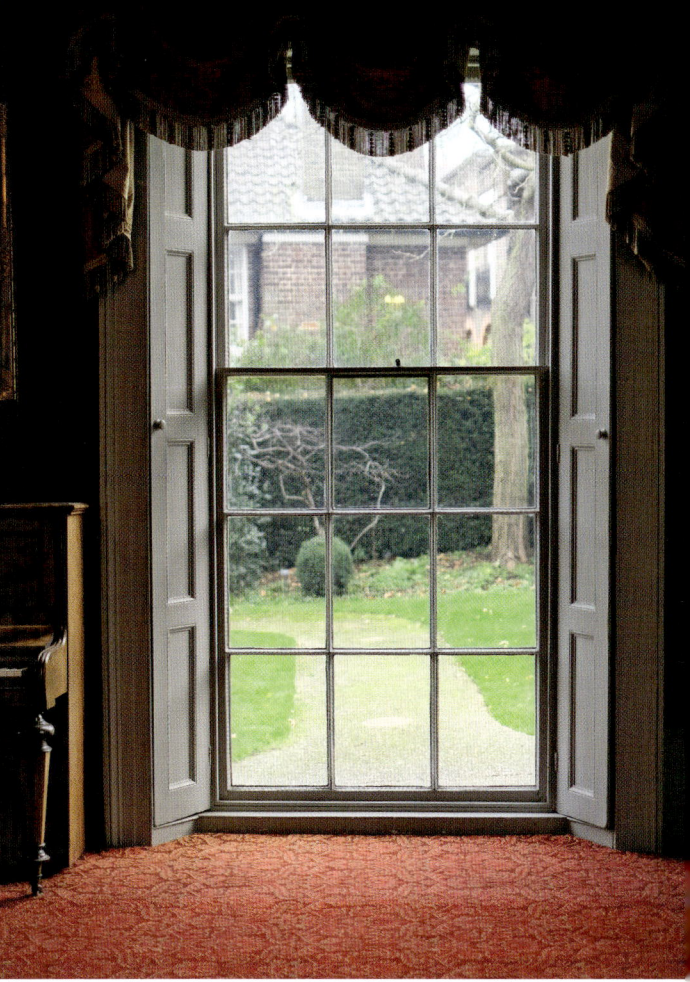

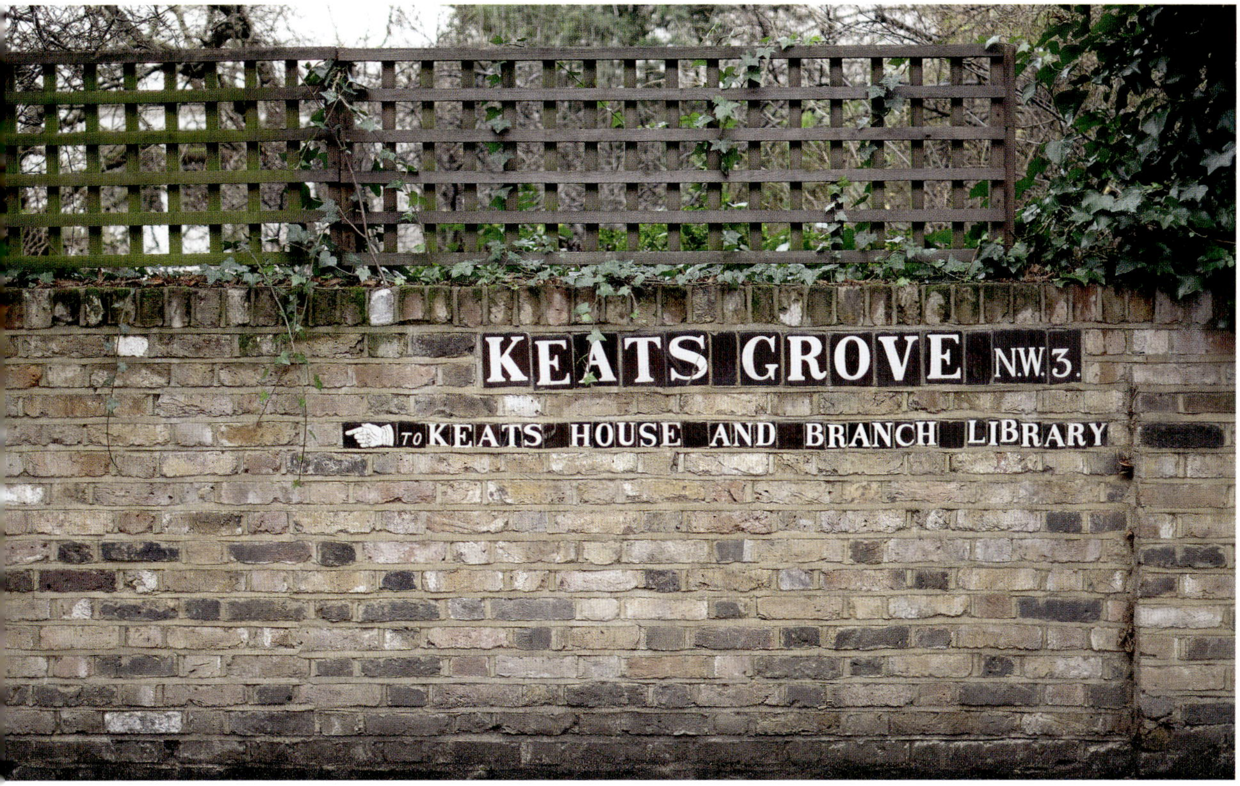
KEATS GROVE N.W.3.
TO KEATS HOUSE AND BRANCH LIBRARY

ASPARAGUS QUICHE WITH LEMON CREAM

Quiche mit grünem Spargel und Zitronencreme

FÜR 1 QUICHE- ODER SPRINGFORM (26 CM Ø)

FÜR DEN TEIG

200 g Weizenmehl Type 405
50 g Butter + mehr für die
    Form
50 g Gänseschmalz

FÜR DIE FÜLLUNG

500 g grüner Spargel
1 kg Spinat
½ Bund Schnittlauch
Salz
1 unbehandelte Zitrone
200 g Crème fraîche
schwarzer Pfeffer aus der
    Mühle
2 Eier
4 EL Mandelblättchen

Für den Teig das Mehl mit der Butter und dem Schmalz mit den Händen zu Krümeln verarbeiten. Diese mit 1–2 EL kaltem Wasser so lange zu einem Teig verkneten, bis er zusammenhält. Den Teig auf einer Arbeitsfläche ausrollen und in die gefettete Backform einpassen. Für etwa 30 Minuten in den Gefrierschrank stellen.

Inzwischen für die Füllung den Spargel waschen. Die holzigen Enden entfernen, die Spitzen in einer Länge von 3 cm abtrennen und den Rest der Stangen in feine Scheiben schneiden.

Den Backofen auf 180 °C Ober-/Unterhitze vorheizen. Den Spinat zweimal waschen, abtropfen lassen, verlesen und in einem Topf ohne Wasserzugabe in 5 Minuten zusammenfallen lassen. Anschließend bei Bedarf abtropfen lassen, dann fein hacken. Den Schnittlauch waschen, trockenschütteln, fein schneiden und unter den Spinat mischen.

Die Spargelspitzen in köchelndem Salzwasser 3 Minuten garen, danach abtropfen lassen. Die Zitrone waschen und die Schale abreiben. Die Crème fraîche damit verrühren, nach Wunsch salzen und pfeffern. Die Hälfte dieser Mischung mit den Eiern zu einer Creme verquirlen.

Den Teigboden mit Spinat und Spargelscheiben auslegen und mit der Eiercreme übergießen. Darüber die Spargelspitzen in einem dekorativen Muster auslegen. Die Quiche im Ofen auf der mittleren Schiene in etwa 30 Minuten goldbraun backen. Anschließend sofort mit Mandelblättchen bestreut servieren und die restliche Crème-fraîche-Mischung dazu reichen.

▶ *Der Teig für diese Quiche wird mit etwas Schmalz gemacht, das macht*
ihn schön herzhaft.

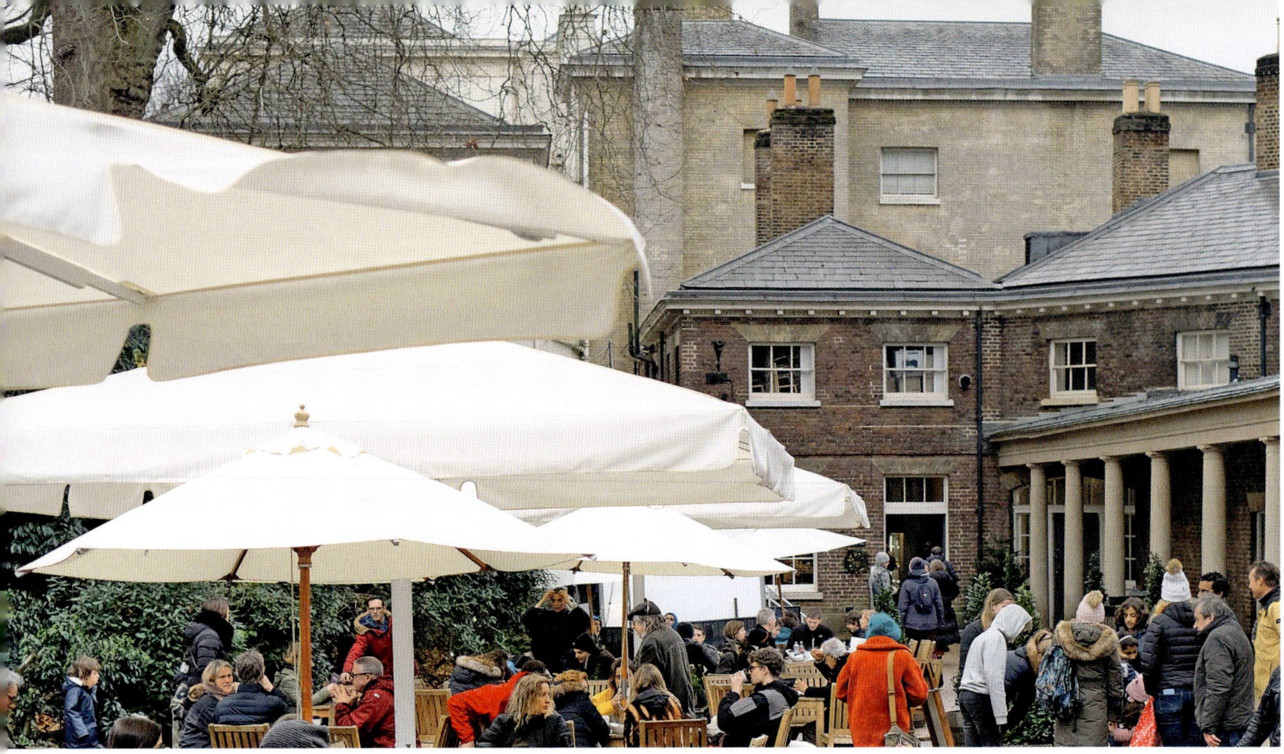

FOOD MENU
MAIN MEALS
LIGHT BITES
CAKES
DRINKS

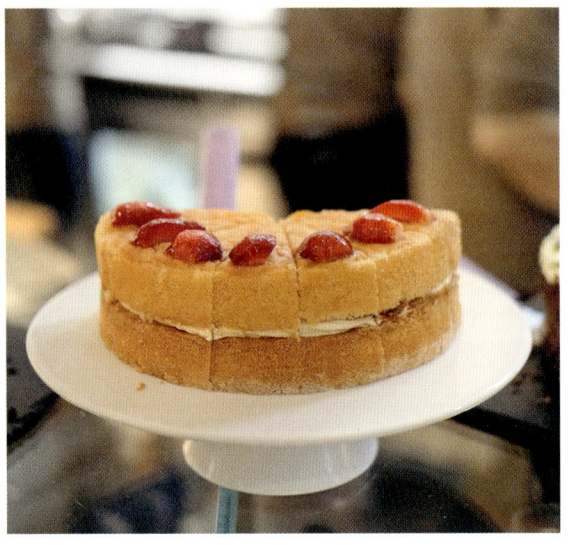

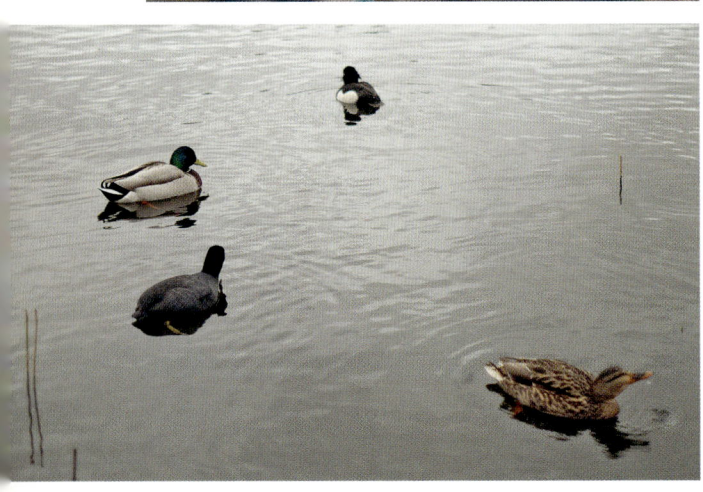

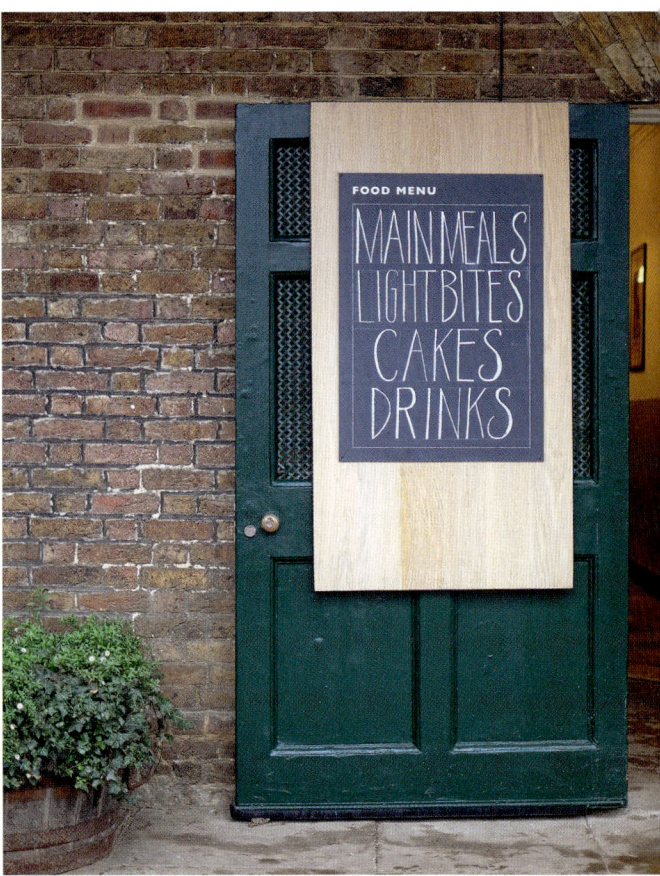

THE KENWOOD HOUSE

Kenwood House, mitten auf dem Heath gelegen, ist absolut einen Besuch wert. Es wurde erbaut von Robert Adam, der in der zweiten Hälfte des 18. Jahrhunderts in London und dem Rest des Landes als Architekt und Innenarchitekt viele prächtige Bauten im neoklassizistischen Stil errichtete und auch gestaltete. Nach umfangreichen Renovierungsarbeiten wurde nun seine ursprüngliche Farbpalette für das Interior Design aufgegriffen. Im angeschlossenen **Brew House Café** sitzt man elegant drinnen und lauschig auf rustikalem Holz im Garten draußen. Perfekt für ein Sandwich. Typisch englisch wird dieses auch bei Ihnen, wenn Sie das Brot dafür selbst backen (siehe Seite 144), beispielsweise mit *granary flour*, einer Mehlmischung aus Vollkornweizen und etwa 20 % gemalzten geschroteten Weizenkörnern. In England bekommen Sie *granary flour* in Supermärkten, hierzulande müssen Sie sich mit Onlineshops behelfen – oder das Mehl selbst zusammenmischen. Das Brot ist etwas stabiler als das reguläre englische Sandwichbrot, was perfekt ist, wenn man mehr Füllung mag. Wenn Sie vor dem Genuss des Sandwiches auf Hampstead Heath in einem der Naturbadeteiche – die es übrigens »nur für Frauen« und »gemischt« gibt – schwimmen waren, haben Sie sich diese Extraportion Kalorien redlich erarbeitet.

GRANARY BREAD
Vollkorntoast

FÜR ETWA 14 SCHEIBEN

150 ml Vollmilch
1 TL Zucker
1 Pck. Trockenhefe
250 g Weizenmehl Type 550
250 g *granary flour*
    (Mehlmischung aus
    Vollkornweizen und
    etwa 20 % gemalzten
    geschroteten
    Weizenkörnern; online
    erhältlich)
1 EL Salz
1 Ei
2 EL neutrales Pflanzenöl +
    mehr für die Form

Die Milch auf handwarme Temperatur erhitzen. Zunächst den Zucker einstreuen, nach 1 Minute die Hefe. Die Mischung etwa 10 Minuten ruhen lassen, danach hat der Zucker die Hefe aktiviert, die nun Blasen schlägt.

Die Mischung in eine Rührschüssel geben. Die restlichen Zutaten hinzufügen und mit dem Handmixer zu einem glatten Teig verarbeiten. Bei Bedarf noch portionsweise etwas heißes Wasser angießen. Den Teig in der Schüssel mit Frischhaltefolie abdecken und an einem warmen Ort etwa 2 Stunden gehen lassen, bis sich sein Volumen verdoppelt hat.

Den Backofen auf 200 °C Ober-/Unterhitze vorheizen. Eine Brotbackform einfetten. Den aufgegangenen Teig nochmals durchkneten und in der Form verteilen. Die Oberfläche mit etwas Wasser bestreichen.

Das Brot im Ofen auf der mittleren Schiene 25–30 Minuten backen, dann den Gartest machen: Den Laib mit behandschuhten Händen (er ist heiß!) vorsichtig aus der Backform nehmen, mit den Fingerknöcheln auf die Unterseite des Laibs klopfen. Klingt es hohl, ist er gar. Ist er noch nicht gar, zurück in die Form legen. Den Ofen ausschalten und das Brot im abkühlenden Ofen zu Ende backen. Vor dem Anschneiden auskühlen lassen.

TUNA SWEETCORN SANDWICH
Sandwich mit Thunfisch und Mais

FÜR 1 PERSON

FÜR DIE FÜLLUNG
1 kleine Dose Thunfisch in Öl
1 kleine Dose Maiskörner
3 EL Mayonnaise
Salz
schwarzer Pfeffer aus der
   Mühle
½ TL geräuchertes Chilipulver
   (Chipotle)

AUSSERDEM
4 Scheiben Vollkorntoast/
   Granary Bread (Rezept siehe
   links)

Für die Füllung den Thunfisch etwas abtropfen lassen. Den Mais in ein Sieb geben, abbrausen und trockentupfen. Beides mit den restlichen Zutaten in eine Schüssel geben und verrühren.

Die Füllung auf zwei Scheiben Brot verteilen, mit den restlichen Brotscheiben belegen und fest andrücken. Die Sandwiches vierteln und servieren.

▶ *Der richtige Schnitt für Sandwiches*
Dreiecke oder Finger (in England auch soldiers *genannt) – wie Sandwiches aufgeschnitten werden, ist nicht nur eine Frage des persönlichen Geschmacks. Denn die eleganten schmalen Finger, die es oft zum Afternoon Tea gibt, unterscheiden sich von den Dreieckssandwiches dadurch, dass sie etwas weniger Füllung halten können. Verwendet werden sollte Toastbrot oder Weißbrot. Belegen Sie die Sandwiches erst, dann schneiden Sie die Ränder ab (die sind als Nebenher-Snack verwendbar) und zuletzt die Sandwiches mit einem scharfen großen Messer in die gewünschte Form.*

CAMDEN TOWN

Touristen kennen das Stadtviertel vorrangig wegen seiner Märkte. Deshalb gleich eine Warnung vorab: An Samstagen wird es voll; so voll, dass U-Bahn-Stationen im Umkreis häufig wegen Überfüllung geschlossen werden. Aber einige Märkte sind auch unter der Woche geöffnet.

Zu essen gibt es wirklich was aus jedem Land: Indien, Mittlerer und Naher Osten, Asien. Außerdem dabei: der Rezeptklassiker aus der osteuropäischen jüdischen Küche, die

Bagels. Im Londoner East End hatten sich nach Pogromen in ihrer Heimat viele Juden niedergelassen. Von dort stammt das Rezept für London Cure, die besondere Art des Einlegens von Lachs, der für ihren Bagel & Lox unverzichtbar ist. Natürlich ist dieser Lachs auch als koscher zertifiziert. Sie bekommen ihn in ausgewählten Geschäften in England, selbstverständlich auch bei Harrods. Auf der nächsten Seite finden Sie das Grundrezept für den Bagel dazu. Am besten serviert: mit viel Frischkäse bestrichen und mit Räucherlachs belegt.

BAGEL

FÜR 12 STÜCK

1 Pck. Trockenhefe
2 EL brauner Zucker
400 g Weizenmehl Type 550
3 EL Maismehlstärke
1 EL Salz
2 EL Malzsirup

350 ml handwarmes Wasser in eine große Rührschüssel geben. Die Hefe und den Zucker unterrühren. Etwa 10 Minuten ruhen lassen, bis die Hefe aktiv wird und Blasen wirft.

Dann das Mehl mit der Maisstärke und dem Salz in einer Schüssel verrühren und das Hefewasser angießen. Mehrere Minuten kneten, bis ein glatter Teig entsteht. Die Schüssel mit Frischhaltefolie abdecken und den Teig an einem warmen Ort 2 Stunden gehen lassen, bis sich sein Volumen verdoppelt hat.

Anschließend den Teig in zwölf Portionen teilen. Diese zu Kugeln formen, dann zu länglichen Strängen. Daraus jeweils Kreise formen, die Teigenden aufeinanderlegen und andrücken, sodass in der Mitte eine daumendicke Öffnung entsteht. Die Teiglinge auf ein mit Backpapier belegtes Backblech setzen, mit einem Küchentuch abdecken und 20 Minuten gehen lassen.

Inzwischen den Backofen auf 220 °C Ober-/Unterhitze vorheizen. Wasser in einem großen Topf zum Kochen bringen und den Malzsirup unterrühren. Die Teiglinge einzeln mit einem Schaumlöffel in das heiße Wasser tauchen, dann zurück auf das Backblech geben. Im Ofen 12 Minuten backen, bis sie goldgelb und gar sind. Zum Anrichten die Bagels etwas ausdampfen lassen, dann längs aufschneiden.

▶ *Wenn Sie Bagel-Fan geworden sind, lohnt die Anschaffung einzelner Bagel-Backformen, mit denen sich die Bagels tauchen lassen und die im Ofen dank ihrer Struktur gleichmäßig backen.*

▶ *Das Bild zeigt einen Reuben Bagel belegt mit Pulled Salt Beef, mildem Cheddar und Russischem Dressing von Ghetto Grillz, Camden Market.*

HOLBORN

Diese Ecke ist deswegen etwas Besonderes, weil hier weniger Touristen zu finden sind. Dabei müssten sie sie lieben, jedenfalls der Architektur wegen. In Holborn sieht es so englisch aus, als wäre man in einer Krimifernsehserie. Denn hier befinden sich die Inns of Court und die Royal Courts of Justice – da tagt die Justiz, schon seit dem Mittelalter. Entsprechend atmosphärisch geht es zu, man sieht die Damen und Herren in wehenden Talaren und manchmal schief sitzenden Perücken, wie sie Beweismaterial unterm Arm schleppen. Man kann sich aber auch auf eine Bank setzen und einfach die Schönheit des wunderbaren Parks Lincoln's Inn Fields genießen. Im Layout erinnern die Anlagen nicht zufällig an die Universitäten von Oxford und Cambridge. In dieses geschmackvolle, edle, hochpreisige Umfeld passt das **Rosewood Hotel** perfekt. Die Kunst, Luxus nicht protzig wirken zu lassen, beherrscht man hier. Eines seiner Restaurants ist der Pie Room – der Name kommt nicht von ungefähr, denn die Engländer lieben Pasteten, erst recht die traditionellen, so auch die Pork Pie (siehe Seite 152).

151

ROSEWOOD PORK PIE
Pastete mit Schweinefleischfüllung

FÜR 10 PIES

FÜR DEN TEIG
1,5 kg Weizenmehl Type 405
6 Eier
1 Eigelb
560 g Schmalz
30 g Salz
15 g Rosmarin (Zweige)

FÜR DIE FÜLLUNG
1 kg Schweineschulter
400 g Rückenspeck
300 g gekochter Schinken
200 g Lardo (italienischer
    fetter Speck)
½ Bund Salbei
10 g Senfkörner
5 g Fenchelsamen
20 g Salz

Für den Teig das Mehl in eine Rührschüssel geben. Die Eier verquirlen und einarbeiten. 600 ml Wasser in einem Topf erhitzen. Das Schmalz, das Salz und den Rosmarin einrühren. Die Mischung bei niedriger Temperatur 5 Minuten köcheln lassen. Danach den Rosmarin entfernen. Die Mischung erneut aufkochen und portionsweise unter die Mehlmasse rühren, bis ein glatter Teig entsteht.

Den Teig auf ein mit Backpapier belegtes Backblech geben, mit einer weiteren Lage Backpapier bedecken und glatt streichen. Den Teig auf dem Backblech in den Kühlschrank stellen, bis er abgekühlt ist. Danach zehn Teigstücke à 180 g abwiegen; der Rest des Teigs ist für die Pie-Deckel gedacht.

Inzwischen für die Füllung die Schweineschulter abbrausen, trockentupfen und würfeln. Eine Hälfte des Rückenspecks fein, die andere grob hacken. Den Schinken zerzupfen, den Lardo klein würfeln (Kantenlänge etwa 1 cm). Alles separat 30 Minuten einfrieren.

Anschließend die Schweineschulterwürfel und den grob gehackten Rückenspeck durch die gröbste Scheibe eines Fleischwolfs drehen. Mit den restlichen Fleischstücken vermengen. Den Salbei waschen, trockenschütteln und mit den Gewürzen zugeben. Die Füllung zu Portionen à 200 g abwiegen.

Den Backofen auf 200 °C Ober-/Unterhitze vorheizen. Den Teig für die Pie-Deckel auf eine Dicke von etwa 1,5 cm ausrollen und daraus zehn Kreise (8–9 cm Ø) ausstechen. Die abgewogenen Teigstücke rund rollen und dann Ränder hochziehen, sodass sie sich befüllen lassen. Die Füllung hineingeben. Die Teigränder mit etwas Wasser bestreichen, die Pie-Deckel aufsetzen und gut mit den Rändern zusammendrücken. Das Eigelb verquirlen und die Deckel damit bestreichen. In die Deckel einen Schnitt machen, damit die Füllung gleichmäßig garen kann.

Die Pasteten auf ein mit Backpapier belegtes Backblech setzen und im Ofen auf der mittleren Schiene 25 Minuten backen, bis der Teig gut gebräunt ist. Die Pies warm servieren.

KING'S CROSS UND ST. PANCRAS

Es ist noch nicht lange her, da war die Gegend rund um King's Cross (Stichwort Harry Potter) nicht wirklich einladend. Es gab zwar viele Clubs, aber außerdem minderjährige Prostitution, Drogen, Kriminalität, verunreinigte Böden, Weltkriegsruinen … kann man sich heute gar nicht mehr vorstellen. Denn King's Cross ist zu einem Vorzeigeprojekt städtischer Erschließung geworden. Auch, weil sich die Erschließer mit Lokalpolitikern zusammentaten und zuhörten, was gebraucht würde. Viele junge Unternehmen haben sich angesiedelt, es wurden 2000 Wohnungen gebaut und ganze Straßenzüge neu errichtet. Altes wurde, wenn möglich, renoviert und nicht abgerissen. Rund um Granary Square kann man heute wunderbar essen, über Märkte bummeln und ausgehen. Im Pub **The Farrier** ist das Roastie Toastie gerade sehr angesagt.

King's Cross St. Pancras ist auch eine Tube-Station, die beide Bahnhöfe miteinander verbindet. Sie ist die wichtigste und geschäftigste Station des gesamten U-Bahn-Netzes und wird jährlich von etwa 90 Millionen Reisenden genutzt. Besser die Rushhour vermeiden, erst recht mit einem schweren Koffer.

Von St. Pancras startet der EuroStar nach Paris, hier laufen mehr U-Bahn-Linien zusammen als sonst wo in der Stadt. Und mehrere Fernzüge beginnen ebenfalls hier, in die Midlands, in den Südosten, überdies ThamesLink, die als Mischung aus S-Bahn und Bahn die Vororte mit der Innenstadt verbindet.

SEARCYS

Sind Sie, wie viele Engländer, ein *train spotter*? Oder schauen Sie einfach nur gerne Zügen nach? Dann sind Sie in der Champagnerbar von Searcys perfekt aufgehoben. Sie ist die längste ihrer Art Europas und gilt als eine der besten. Richtig spektakulär ist ihre Lage, direkt unterhalb der beeindruckenden gusseisernen Bahnhofshallendecke. Ganz nebenbei: Ihnen ist vielleicht aufgefallen, dass ich viel über Champagner rede. Das liegt (auch) daran, dass ihn die Engländer lieben und je nach finanziellen Möglichkeiten in wirklich rauen Mengen konsumieren. Winston Churchills Durst war legendär, Brandy und Whisky trank er nebenher und schaffte spielend zwei Flaschen Pol Roger am Tag. Aber das muss man sich leisten können. Bei Searcys achtet man auch auf die Kosten: Sie bekommen für 45 Pfund ein kleines dreigängiges Menü mit drei unterschiedlichen Gläsern Champagner. Blinis sind auf dem Menü standardmäßig gesetzt, denn die Cremigkeit und Eleganz dieser winzigen Buchweizenpfannkuchen russischen Ursprungs passen perfekt zu Bubbles, wie man Schaumwein wegen der charakteristischen Bläschen nennt.

NYETIMBER
PRODUCT OF ENGLAND

EST. 1873
ST PANCRAS
RENAISSANCE® HOTEL
LONDON

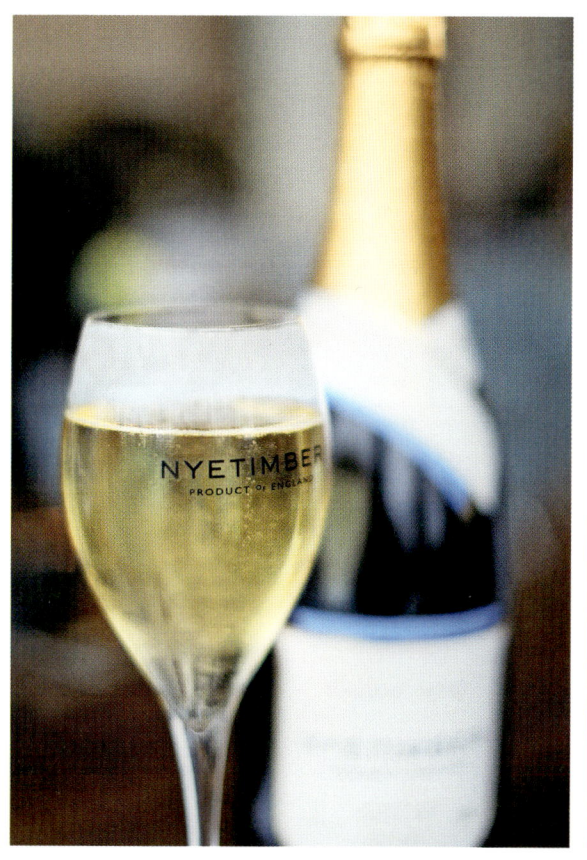

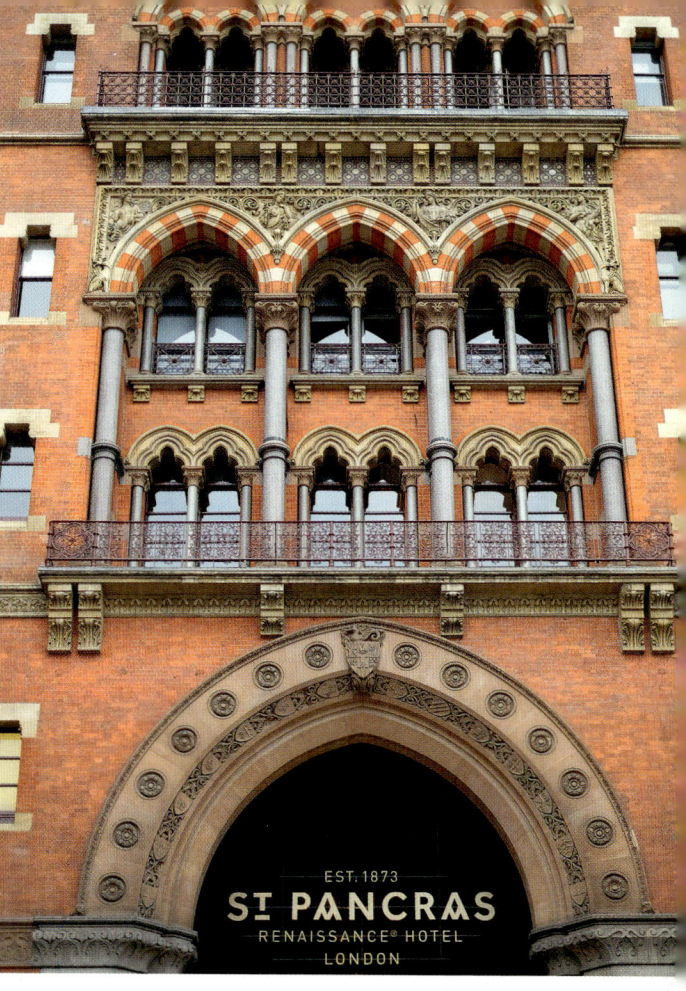

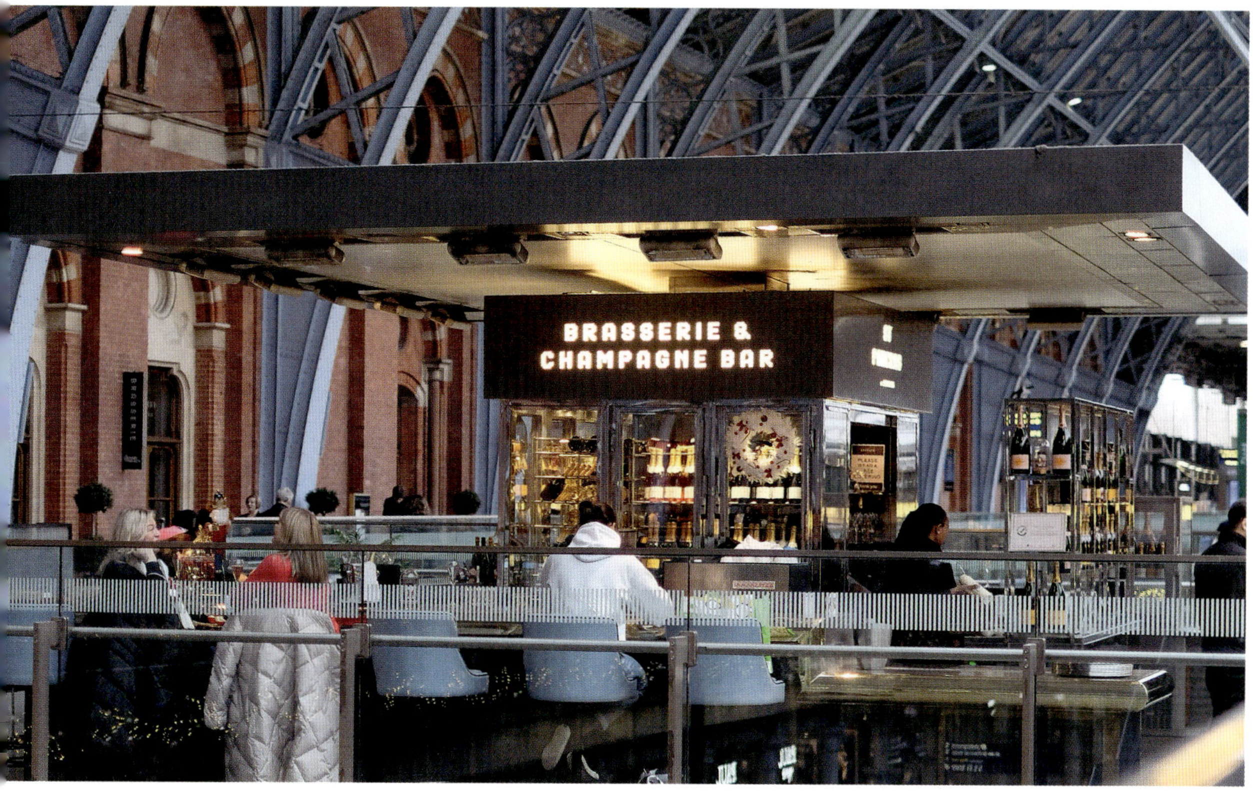
BRASSERIE &
CHAMPAGNE BAR

BLINIS

FÜR ETWA 40 STÜCK

50 g Butter + mehr zum
   Ausbacken
2 Eier
150 g Buchweizenmehl
   (erhältlich z. B. im
   Reformhaus, Bioladen, gut
   sortierten Supermarkt)
80 g Weizenmehl Type 405
2 EL Zucker
½ TL Salz
½ TL Backpulver
½ TL Backnatron
500 g Buttermilch

Die Butter in einem Töpfchen zerlassen. Die Eier trennen. Das Eiweiß in einer Rührschüssel steif schlagen und zunächst beiseitestellen. Das Buchweizenmehl mit dem Weizenmehl, dem Zucker, dem Salz, dem Backpulver und dem Backnatron vermengen. Das Eigelb mit der Buttermilch verquirlen. Die Buttermilchmasse und die Mehlmischung mit der zerlassenen Butter in der Rührschüssel mit dem Mixer sorgfältig bei nicht zu hoher Geschwindigkeit verrühren. Anschließend den Eischnee mit einem Schneebesen langsam unter den Teig ziehen.

Etwas Butter in einer beschichteten Pfanne zerlassen. Esslöffelweise Teig in die Pfanne tröpfeln. Es bilden sich gleich Teigrunde. Diese von jeder Seite in je 2–3 Minuten hellbraun ausbacken. Den Rest des Teigs auf die gleiche Weise verarbeiten.

Die Blinis sofort servieren oder einfrieren. Am besten mit Schmand bestreichen und mit Schnittlauch, Kaviar oder Räucherfisch (Forelle, Lachs) anrichten.

▶ *Blinis lassen sich wunderbar einfrieren, machen Sie also ruhig diese Menge, selbst wenn Sie sie nicht aktuell brauchen.*

ADRESSEN

London Borough of Camden

LONDON BOROUGH OF SOUTHWARK

WAS HAT SHAKESPEARE MIT THE SHARD ZU TUN?

Wir haben die Themse überquert und befinden uns im Süden Londons. Hier steht The Shard, eine futuristisch anmutende schiefe »Scherbe«, bis 2020 der höchste Wolkenkratzer Europas. Nicht weit entfernt führt das Globe Theatre zurück in elisabethanische Zeiten und erinnert an Erstaufführungen von Shakespeare und seinen Dramatik-Mannen. Die Tate Modern ist hier beheimatet, dieser gelungene und überaus beliebte Umbau vom Kraftwerk zum internationalen Zentrum moderner Kunst.

Gar nicht modern, sondern ländlich-knuffig ist es in Dulwich, das in seiner dörflichen Flauschigkeit inklusive vieler Pubs ebenso beruhigend fürs Auge ist wie die Dulwich Picture Gallery, der erste öffentliche Museumsbau der Welt. Hipster, Chefköche und ganz normale Menschen treffen sich im Borough Market, der für seine Produktvielfalt und Frische, besonders bei Fleisch und Meeresfrüchten, landesweit bekannt ist. Dort können Sie jamaikanische Chutneys kaufen, aber auch altmodische Pasteten mit Nierchen und vielen Hundert Jahren Tradition. Noch älter ist die Kirche von Southwark, die bereits zur Jahrtausendwende urkundlich erwähnt und doch erst 1905 zur Kathedrale geweiht wurde. Sie merken's: Southwark ist ein Flickenteppich im besten Sinne, aus jedem Jahrhundert ist was dabei. Und erwähnte ich schon die prächtigsten Ausblicke über die Themse? In Richtung Norden schaut man unvergleichlich schön auf London Bridge und den Tower. Aber nun von Anfang an, genauer gesagt, ein Jahrtausend zurück.

BOROUGH

Als sich Borough Market, damals noch Groß-markt, entwickelte, war die Kirche von Southwark, die heutige Southwark Cathedral, gerade im Bau, so lange ist das her. Irgendwann waren den Stadtoberen aber die frei laufenden Hühner und Rindviecher zu viel. Im 18. Jahr-hundert wurde daher erstmals ein überdachter Markt gebaut, an dieser Stelle steht Borough Market noch heute. Mehrfach war er von der Schließung bedroht, man fand ihn nicht mehr zeitgemäß, da die Supermärkte so erfolgreich wurden. Aber dann entwickelte sich London in den 1990er-Jahren fast über Nacht zur Genuss- und Kochmetropole Europas. Der Markt blieb nicht nur, sondern läutete die Beliebtheit eines ganzen Viertels ein. Mittlerweile ist er ein Grund, warum Borough sowohl zum Ausgehen (gucken Sie mal in den steinalten Pub The George, er hat sogar Glutenfreies auf der Karte) gefragt ist als auch zum Wohnen. Zwar sieht es hier längst nicht so elegant und grün gepflegt aus wie in Mayfair oder Chelsea, doch deshalb sind die Wohnungen und Stadthäuser kaum billiger als auf der anderen Seite der Themse.

Erwandern Sie in Borough die **große Markthalle**, probieren Sie alles zwischen Selbstgemachtem und Wurst von seltenen Rinderrassen. Bei der **Metzgerei Ginger Pig**, die ihren guten Geschmack und ihre inspirierende Geschichte auch in einem Kochbuch publik gemacht hat, wird alles vom Tier verarbeitet und in eine sehr ansprechende Tasche verpackt.

Wenn Sie über Borough Market mit seiner Viel-falt an Produkten schlendern, könnten Sie den Eindruck gewinnen, dass jeder, der hier ein-kauft und so schlau mit den Erzeugern fach-simpelt, auf dem Weg zur Fernsehkochkarriere ist. Die Realität ist wie bei uns auch in Groß-britannien eine andere. Kochshows werden mit Leidenschaft geguckt, aber der Anteil an Fertiggerichten im Supermarkt ist hoch. Kochen ist angesagt, doch deshalb wächst nicht auto-matisch eine neue Generation an Jamie Olivers heran. Darauf hat der Markt reagiert und seine eigenen Kochbücher zu den unterschied-lichen Jahreszeiten veröffentlicht (vielleicht eine Anregung für unsere deutschen Wochenmärkte, wo sehen und gesehen werden manchmal ebenso wichtig ist wie der Einkauf an sich?).

BOUDEUSE
ROCKS
£3-00 — EACH
12-00 — 5
BOUDEUSE
X24
£48:00

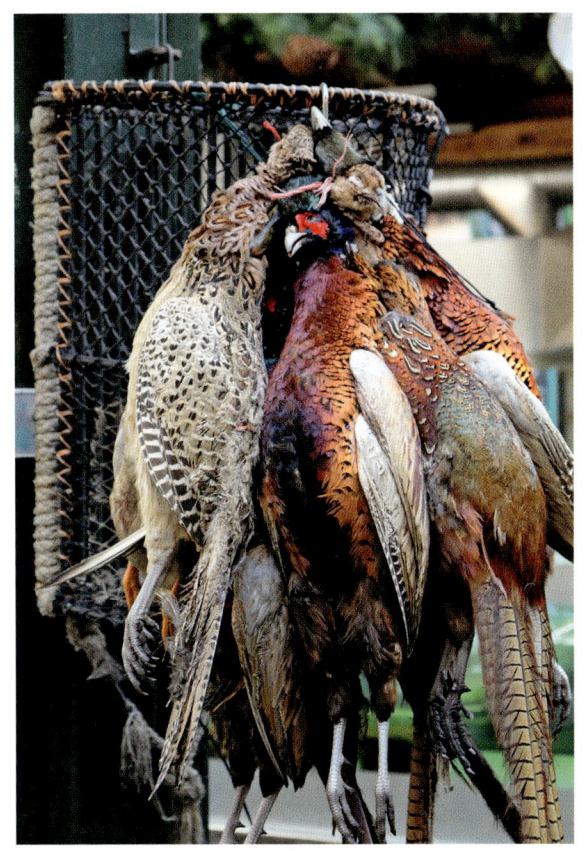

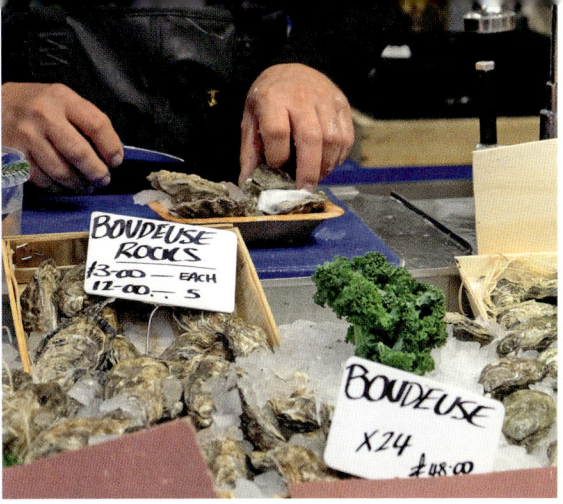

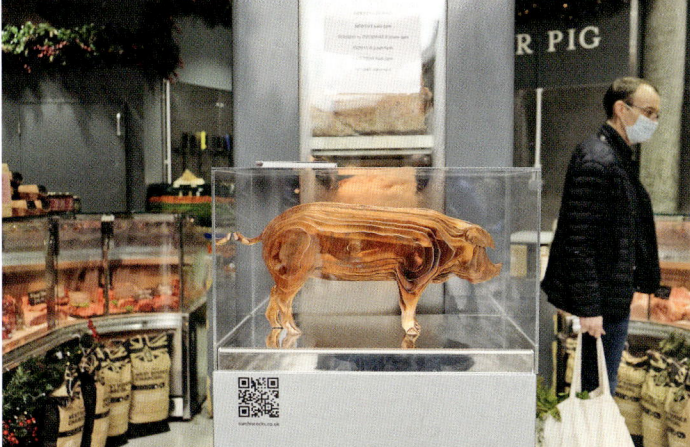

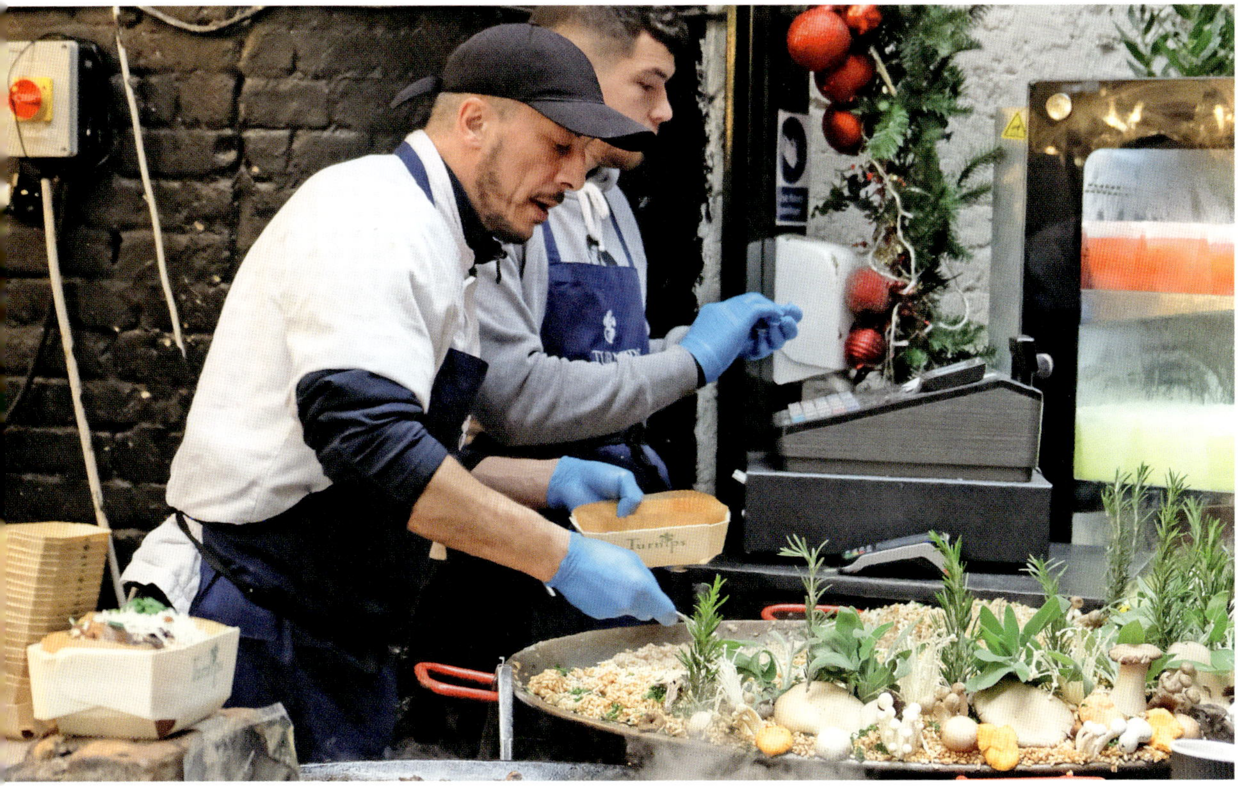

BŒUF BOURGUIGNON PIES

FÜR 4 STÜCK

FÜR DIE FÜLLUNG

1,3 kg Rindernackensteak,
   in 2 cm große Würfel
   geschnitten
350 g Speck, gewürfelt
200 g Champignons,
   gewürfelt
1 Zwiebel, fein gewürfelt
1 kleine Knoblauchzehe,
   zerdrückt
1 EL Sojasauce
350 ml Rotwein
2 EL Maisstärke (Speisestärke)
1 EL gehackte glatte Petersilie

FÜR DEN TEIG

700 g Weizenmehl Type 405
   + mehr für die Förmchen
350 g Nierentalg
½ TL Salz

AUSSERDEM

25 g Butterschmalz,
   geschmolzen
1 Ei, verquirlt

Den Ofen auf 180 °C Ober-/Unterhitze vorheizen.

Für die Füllung das Rindfleisch und den Speck in einen Bräter geben und 15 Minuten im Ofen braten, dann umrühren und weitere 15 Minuten garen.

Die Champignons, die Zwiebeln, den Knoblauch, die Sojasauce und den Wein hinzufügen. Den Bräterinhalt mit Backpapier abdecken, sodass es die Zutaten berührt, und 1 ½ Stunden im Ofen garen.

Den gesamten Bratensud in einen Topf abgießen. Die Speisestärke mit etwas Wasser glatt rühren und in den Sud einrühren. Unter Rühren aufkochen und köcheln lassen, bis die Flüssigkeit eindickt.

Die angedickte Sauce zurück zum Fleisch in den Bräter geben. Die Petersilie untermengen und das Bœuf Bourguignon vollständig abkühlen lassen.

Für den Teig das Mehl und den Talg in eine Küchenmaschine geben und zerkleinern, bis alles gut vermischt ist. 300 ml Wasser angießen und die Zutaten zu einem glatten Teig verarbeiten. Diesen in acht Portionen teilen: vier à 185 g und vier à 115 g.

Den Backofen auf 190 °C Ober-/Unterhitze vorheizen. Vier Pie-Förmchen gründlich mit dem geschmolzenen Schmalz einfetten und mit Mehl einstäuben.

Die größeren Teigportionen rund ausrollen und die Formen damit randüberlappend auslegen. Die Füllung darin gleichmäßig verteilen. Die Teigränder großzügig mit dem verquirlten Ei bestreichen. Die kleineren Teigportionen ebenfalls rund ausrollen und darauflegen, dabei die Ränder zusammendrücken. Den überschüssigen Teig mit einem Messer abschneiden. Nach Belieben diese ausrollen, Motive ausstechen und die Pies damit verzieren. Zuletzt die Oberfläche mit dem restlichen Ei einpinseln.

Die Pies im vorgeheizten Backofen 50 Minuten auf mittlerer Schiene backen. Anschließend 5 Minuten abkühlen lassen, dann aus den Förmchen stürzen. Warm oder kalt servieren.

LAMM MIT BÄRLAUCH
und jungen Kartoffeln

FÜR 4 PERSONEN

500 g Lammhals
1 Zweig Rosmarin
1 unbehandelte Zitrone
1 Knoblauchzehe
200 g Molke
200 g neue Kartoffeln (in
    England verwendet man
    z. B. Jersey Royals, eine
    herkunftsgeschützte Sorte
    von den Kanalinseln)
Salz
80 g Butter
200 ml Rinderbrühe
100 g Bärlauch
1 EL gehackte Haselnusskerne

Das Fleisch abbrausen, von Sehnen befreien und trockentupfen. Den Rosmarin waschen und trockenschütteln. Die Zitrone waschen und die Schale in dünnen Zesten abziehen. Den Knoblauch abziehen und hacken. Den Rosmarin, die Zitronenzesten und den Knoblauch mit der Molke in einen großen verschließbaren Gefrierbeutel füllen. Das Fleisch darin einlegen und über Nacht im Kühlschrank durchziehen lassen.

Am nächsten Tag den Backofen auf 180 °C Ober-/Unterhitze vorheizen. Das Fleisch aus der Marinade heben und trockentupfen. Die Kartoffeln schälen, waschen und je nach Größe längs halbieren. Die Kartoffeln in Salzwasser aufsetzen, das Wasser einmal aufwallen lassen und die Kartoffeln dann abgedeckt in etwa 20 Minuten weich kochen.

2 EL Butter in einer ofenfesten Pfanne erhitzen. Das Fleisch darin von einer Seite 5 Minuten anbraten, dann wenden. Mit Butterflocken bedecken und im Ofen etwa 8 Minuten garen, bis es durch, aber noch rosa ist. Anschließend aus der Pfanne heben, mit Alufolie abdecken und mindestens 10 Minuten ruhen lassen.

Inzwischen das Bratfett in der Pfanne mit der Rinderbrühe ablöschen und kurz zu einer Sauce einkochen lassen. Den Bärlauch waschen und trocken-schütteln. Etwas Butter in einem Töpfchen erhitzen, den Bärlauch darin 3 Minuten garen, dann salzen. Die Kartoffeln abgießen und mit der restlichen Butter vermengen.

Zum Anrichten das Fleisch dünn aufschneiden, nach Wunsch salzen und mit den Kartoffeln, dem Bärlauch, der Bratensauce sowie den Haselnüssen als Topping servieren.

▶ *Tipp: Fleisch über Nacht in Molke marinieren, das macht es besonders zart. Auch in diesem Rezept wird der Lammhals ver-arbeitet, wie Sie das vielleicht noch aus dem Rezept von Clare Smyth in »Notting Hill« erinnern.*

BERMONDSEY

Auch der Stadtteil Bermondsey gleich nebenan kann mit einem Markt aufwarten. **Maltby Street Market** liegt sehr reizvoll, er schlängelt sich an einer Bahnlinie entlang, viele Stände haben sich eingekuschelt in die attraktiven Bahnbögen aus viktorianischer Zeit. Es geht sehr international zu, was Großbritannien als ehemaliger Weltmacht gut steht. Stände mit Gyozas, das sind Teigtaschen aus China, finden sich, Sie können Linseneintopf aus Äthiopien probieren, Maisfladen aus Venezuela, Arepas genannt, zwischendurch auch mal herzhafte heimische Wurststullen (*sausage sarnie*), jede Menge Craft-Bier, Wein, Obst und Gemüse. Und Sie können sich einen coolen Haarschnitt verpassen lassen, ich wollte es nicht versäumt haben, Sie darauf hinzuweisen.

Bei **Walrus and Carpenter** gibt's mal wieder Austern, wahlweise Hummer, dazu englische Sekte und französischen Champagner. Oberstes Gebot: Alles, ob Kleidung der Besucher oder Sitzgelegenheiten, muss ein bisschen zusammengehauen wirken. Das ist moderner Stil, billig ist hier dennoch nix. Und gut ist vieles. Kleine Warnung: Man kommt sich sehr alt vor, wenn man über 35 ist oder das Männerhaar nicht mehr zum Knoten knüpfen kann.

Auf der anderen Seite könnte man sich bei dieser Gelegenheit von Zandra Rhodes eine Scheibe abschneiden. Der ist ihr Alter völlig egal. Sie ist auch mit über 80 Jahren noch immer als Modedesignerin und Innenarchitektin aktiv und das knallbunte Pendant zu Vivienne Westwood. Um die Ecke vom Maltby Market liegt ihr **Fashion and Textile Museum**, ein Modemuseum, wie es in der Form einfach nur in London existieren kann. So wie Vivienne Westwood sich bis heute irgendwie dem Punk verschrieben hat, blieb auch Zandra Rhodes ihrem Stil treu. Sie ist bunt wie ein Einhorn und fleißig wie eine Biene. Mit ihren in Neonpink leuchtenden Haaren ist sie im besten Sinne exzentrisch, wie es Briten gerne mögen.

Das komplette Gegenstück zu ihrem zugegeben recht lauten Stil finden Sie an jeder Ecke auf dem **Bermondsey Antique Market**. Dort kaufen auch die Profis, deshalb lohnt frühes Aufstehen, der Markt beginnt offiziell um sechs Uhr morgens, wer um fünf Uhr kommt, hat kein Nachsehen. Nachdem Sie die Stände erfolgreich nach perfekt erhaltenem Bone China und Silber aus Sheffield durchforstet haben und entsprechende Ebbe im Portemonnaie herrscht, können Sie sich im **Bermondsey Square Hotel** noch immer einen Afternoon Tea leisten. Dort wird Ihnen zwar kein Champagner offeriert, weshalb der Tea erschwinglich ist, dafür backt der Patissier jeden Tag frische Törtchen mit saisonalen Früchten (siehe Seite 178).

Gyoza Guys

LASSCO
FLOORING
YARD
ENTRANCE
Bon Vino & Enoteca
Bring Your Food
DRINK GREAT WINE

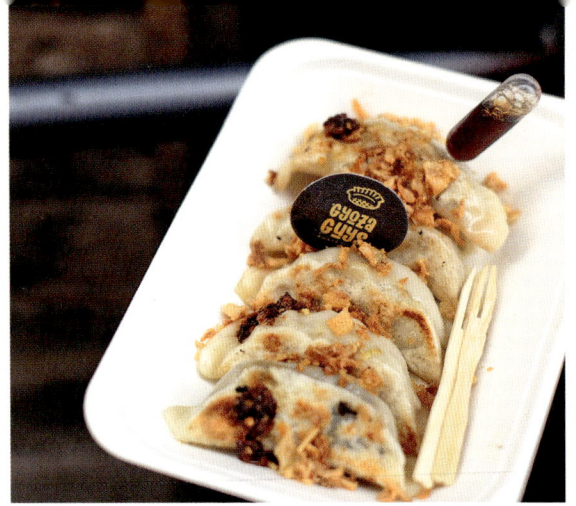

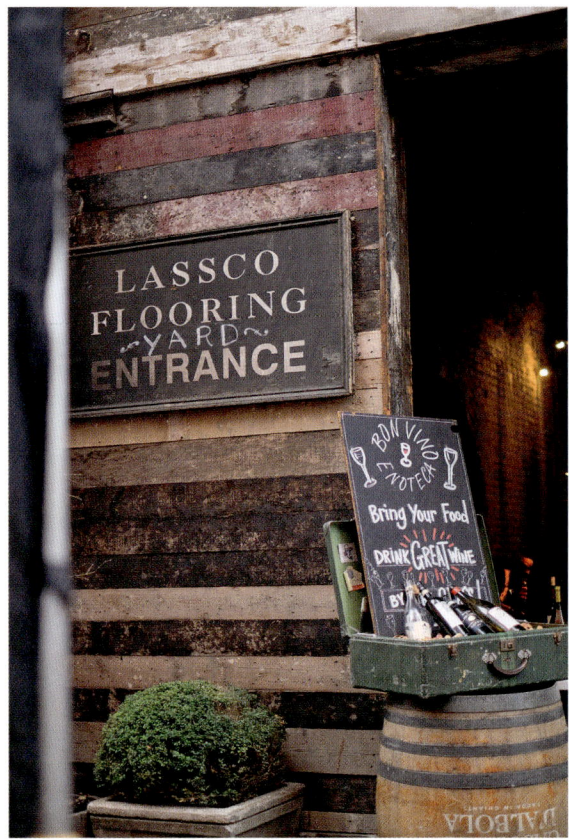

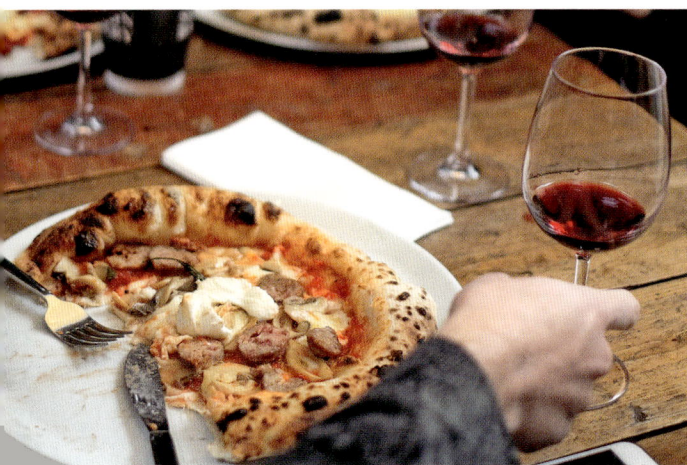

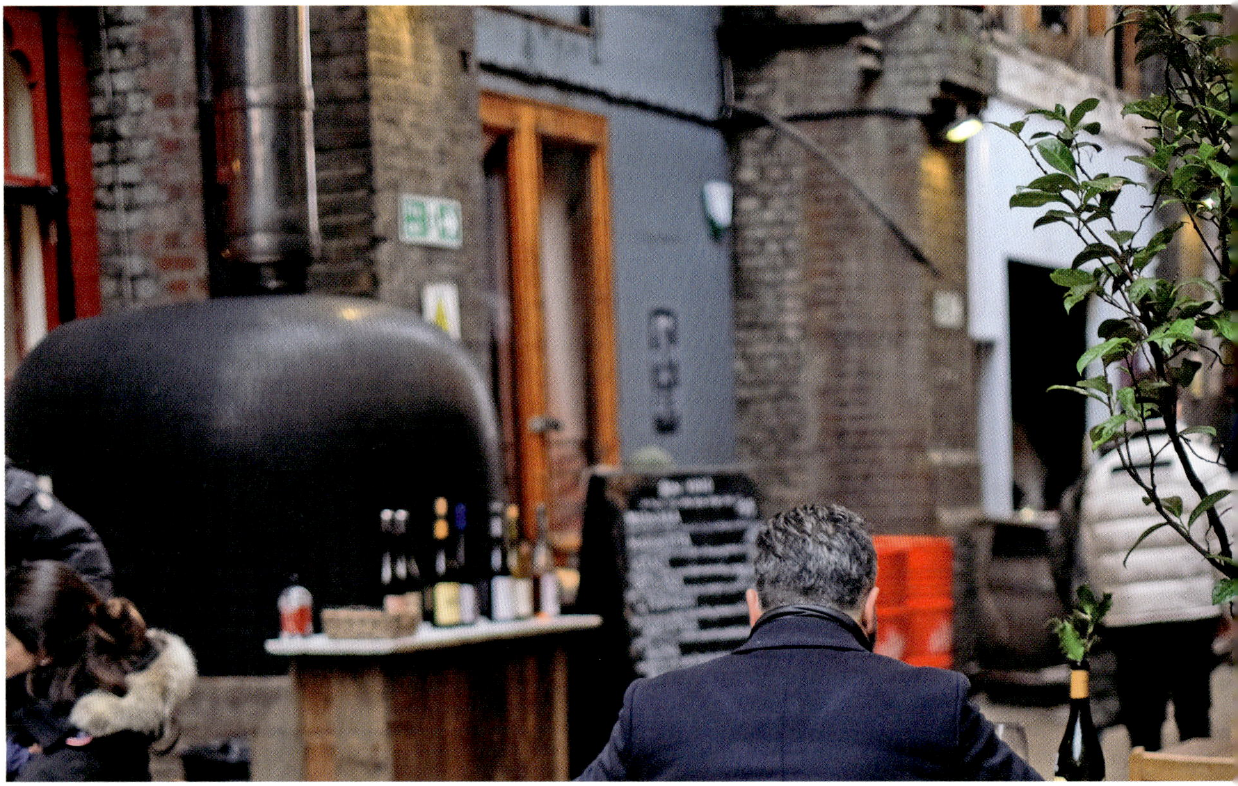

FRUIT TARTLETS WITH SEASONAL FRUITS
Törtchen mit saisonalen Früchten

FÜR 12 KLEINE TORTELETTS

FÜR DEN TEIG
100 g eiskalte Butter + mehr
  für die Formen
200 g Weizenmehl Type 405
  + mehr zum Arbeiten
3 EL Puderzucker
1 Ei
getrocknete Hülsenfrüchte
  zum Blindbacken

FÜR DIE FÜLLUNG
250 ml Vollmilch
50 g (brauner) Zucker
3 Eier
1 EL Weizenmehl Type 405
1 Msp. Pimentpulver
1 Msp. Zimtpulver
100 ml Obstmarmelade
  oder -konfitüre (Sorte nach
  Belieben)
saisonale Früchte (Sorte nach
  Belieben) zum Belegen

Für den Teig die Butter würfeln. In einer Rührschüssel mit dem Mehl und dem Puderzucker vermengen, bis ein feinkrümeliger Teig entsteht. Das Ei und eine Eierschale kaltes Wasser unterrühren und einarbeiten, bis der Teig glatt ist und zusammenhält. Den Teig in Frischhaltefolie wickeln und mindestens 1 Stunde im Kühlschrank ruhen lassen.

Dann den Backofen auf 180 °C Ober-/Unterhitze vorheizen. Zwölf Tortelett-förmchen einfetten. Den Teig auf einer bemehlten Arbeitsfläche auf etwa 0,5 cm Dicke ausrollen, passend ausstechen und und in die Formen ein-passen. Mit einer Gabel einstechen, mit Backpapier auskleiden und darüber die Hülsenfrüchte geben. Die Tortelets im Ofen auf der mittleren Schiene etwa 15 Minuten blindbacken, bis der Teig fest ist. Anschließend aus dem Ofen nehmen, kurz ruhen lassen, dann aus den Formen lösen.

Für die Füllung die Milch in einem Topf erhitzen, bis sie kurz vor dem Kochen ist. Zucker, Eier und Mehl mit den Gewürzen mit einem Schneebesen in einer Schüssel glatt rühren. Die Milch portionsweise angießen und alles gut ver-rühren. Die Eier-Milch-Mischung wieder in den Topf gießen und bei mittlerer Temperatur unter ständigem Rühren erwärmen, bis sie eindickt. Dann vom Herd nehmen und abkühlen lassen.

Anschließend den Boden der Tortelets mit Marmelade/Konfitüre bestreichen und die Füllung darüber verteilen. Die Törtchen mit Früchten belegen und servieren.

▶ *Beeren sehen zu diesen Törtchen besonders hübsch aus.*

SOUTHWARK

Bevor wir beginnen, hier die richtige Aussprache: »sassok«. Kein th, kein w, und auch sonst nix. Wieso? Keine Ahnung. Die Art und Weise, wie ihre Sprache ausgesprochen beziehungsweise geschrieben wird, verwundert auch Engländer.

Zurück zum kleinen Stadtteil Southwark, der eine erstaunliche Mischung aus alt und ultramodern ist. Wenige Gehminuten von der London Bridge entfernt steht beispielsweise **The Shard**, eine Mischung aus Apartments, Hotelsuiten, Büros, Restaurants und Shopping. Einer der berühmtesten zeitgenössischen Architekten, der Genueser Renzo Piano, hat hier ein Gebäude geschaffen, das man über viele Meilen sieht. Im 31. Stock liegt das Restaurant **Aqua Shard**. Wenn Sie dort essen gehen, können Sie sich die Ausguckplattform auf den Stockwerken 68, 69 und 72 und die Minimum 25 Pfund Eintritt für den Ausguck sparen. Denn das Restaurant hat eine Rundumverglasung, die für sensationelle Ausblicke sorgt. Und es hat eine sehr interessante Speisekarte. Sie ist fokussiert auf die heimische Küche und bringt

diese in modernen ebenso wie in bewusst altmodischen Gerichten auf die Karte. Ihr Nachtisch Aqua Shard Charlotte basiert zum Beispiel auf einem Rezept von John Mollard aus dem Jahre 1802. Das Restaurant bereitet es in einer Abwandlung mit Quitten zu. Aber die sind nicht nur in Deutschland schwer zu bekommen und aufwendig in der Zubereitung, deshalb folgt auf der nächsten Seite das traditionelle Rezept mit Äpfeln; dafür benötigen Sie die entsprechende Charlotte-Backform.

Historiker wissen, dass der Name des Gerichts, ein warmer, eleganter Auflauf, tatsächlich auf eine Königin zurückgeht, nämlich Queen Charlotte Mecklenburg-Strelitz. Eine beeindruckende Lady war das, die sich im 18. Jahrhundert als engagierte Förderin der britischen Apfelbauern hervortat. Überdies trieb sie den Ausbau der prächtigen Gartenanlagen von Kew voran und war Namensgeberin der Strelitzien. Sie hatte 15 Kinder, war glücklich verheiratet, obwohl der Gatte König Georg III. später dem Wahnsinn verfiel. Finden Sie nicht auch, dass dieses Leben dringend verfilmt gehört?

EAST CHURCHYARD HERB GARDEN

The Augustinian Canons built a hospital on the southside of the church and dedicated it to commemorate the martyrdom in 1170 of Archbishop Thomas who preached his sermon at Southwark. As a reminder of the original hospital, the garden has been planted with herbs that the canons would have grown to use as medicines. The garden is used by the Cathedral's Education Centre for children to study the development of medicine, pharmacology and chemistry.

Bishop Lancelot Andrewes (1555 –1625) was buried in the chapel whose 14th century foundations are in front of you. Although Bishop of Winchester, his body was not returned there for burial

for fear of spreading plague. While in London he would have lived at Winchester House which can still be seen in Clink Street just west of the church. Although dedicated to Our Lady the chapel became known as the Bishop's Chapel after his death. The chapel was demolished in the 1830s, his tomb moved finally to rest in the Choir. Andrewes who had mastered

fifteen ... languages ... tr ... the K... Version ... 161 ... and pas...

You can ... Number ... with bric... George ... was dem...

APPLE CHARLOTTE
Charlotte mit Äpfeln

FÜR 1 CHARLOTTE-FORM

1 kg Kochäpfel (z. B. Boskop)
200 g Butter
100 g Zucker
80 ml Brandy (alternativ
　Apfelsaft)
60 g Aprikosen- oder
　Quittenkonfitüre
12 Scheiben Weißbrot
Quittengelee zum Bestreichen
　(optional)

Die Äpfel vierteln, schälen und entkernen. 2 EL Butter in einem Topf zerlassen. Die Äpfel mit dem Zucker und dem Brandy hineingeben. Einmal aufwallen lassen, dann abgedeckt etwa 10 Minuten köcheln lassen, bis die Äpfel weicher, aber noch nicht zu Mus zerfallen sind. Anschließend die Konfitüre unterrühren und die Masse etwas abkühlen lassen.

Den Backofen auf 180 °C Ober-/Unterhitze vorheizen. Die Weißbrotscheiben von der Rinde befreien. Die restliche Butter portionsweise in einer großen Pfanne zerlassen und die Brotscheiben nacheinander von beiden Seiten in der Butter wenden. Die Charlotte-Form mit den Scheiben auslegen, dabei einige zum Bedecken der Form beiseitestellen.

Die Apfelmasse in die Form füllen und mit den restlichen Brotscheiben gut bedecken. Die Charlotte im Ofen auf der mittleren Schiene etwa 30 Minuten backen, bis der Brotdeckel goldbraun ist und Apfelsaft ausgetreten ist.

Die Charlotte aus dem Ofen nehmen und etwas abkühlen lassen. Dann aus der Form lösen und noch warm servieren. Eiscreme oder Vanillesauce passen gut dazu. Wer mag, kann die noch warme Charlotte auch mit erwärmtem Quittengelee bestreichen.

DAS ALTE IM NEUEN

Southwark kann nicht nur modern. Der Oxo Tower stammt aus einer Zeit, als Hochhäuser wie The Shard völlig unvorstellbar waren. Ende des 19. Jahrhunderts errichtet, wurde er in den 1920er-Jahren im Art-déco-Stil renoviert. Der Tower selbst wurde neu gebaut und bekam eine Verschönerung mit, die die Londoner als clevere Werbung verstanden. Denn Oxo war auch der Name eines bekannten Brühwürfels, produziert von der Firma, die das Gebäude gekauft hatte. Da klassische Werbung entlang der Themse verboten war, ließ der Architekt dieses Wort einfach in Form von Fenstern erscheinen. Das sieht man bis dato noch, besonders gut am frühen Abend, wenn der Tower angeleuchtet wird. In den 1970er-Jahren stand der Oxo Tower leer und wurde dann ein weiteres Mal renoviert. Heute sind im Tower Geschäfte, Wohnungen, ein Restaurant und eine Bar untergebracht. Aus der **Oxo Tower Bar** stammt das nachfolgende Rezept für einen Cocktail nach dem Afternoon Tea – ein Getränk, das Sie sich redlich verdient haben, wenn Sie sich trotz dessen Namens, Porn Star Martini, trauen, es zu bestellen. Es ist ihr Verkaufsschlager. Sollte es Ihnen dennoch die Sprache verschlagen: bitte sehr, nachfolgend das Rezept zum Selbermixen.

BRITISH PÜ

Wie in vielen Gegenden Londons findet sich auch in Southwark ein Mix aus hochpreisigen Restaurants, Bars und legeren Lokalen, beispielsweise die **Bread Street Kitchen**. Deren berühmtes Kartoffelpüree lässt sich als Beilage servieren und ist so sättigend, dass man es, vielleicht mit wachsweichen Eiern, auch als vegetarisches Hauptgericht servieren könnte. Engländer lieben »Pü« so wie wir. Es mit ungewöhnlichen Aromen zu verfeinern, ist übrigens eine Erfindung der neuen britischen Küche und klappt prima. Meerrettich, Olivenöl, Cheddar, Speck und Wirsing oder Trüffel sind ideale Begleiter. Lassen Sie sich einfach über- zeugen, das Bread-Street-Kitchen-Rezept mit getrüffeltem Brie finden Sie auf Seite 188.

PORN STAR MARTINI
Passionsfrucht-Martini

FÜR 1 COCKTAIL

½ Limette
5 cl Wodka
3 cl Passionsfruchtpüree
   (Fertigprodukt)
1,25 cl Vanillesirup
Eiswürfel zum Shaken
4 cl Champagner

Einen Sektkelch und ein Shotglas im Gefrierschrank kurz kühlen.

Die Limette auspressen. Den Saft mit dem Wodka, dem Passionsfruchtpüree und dem Vanillesirup in einem Shaker auf Eiswürfeln shaken.

Den Cocktail in den Sektkelch abseihen. Den Champagner in das Shotglas gießen. Den Cocktail mit dem Champagner zusammen servieren.

TRUFFLED BRIE MASHED POTATOES

Kartoffelpüree mit getrüffeltem Brie

FÜR 4 PERSONEN

500 g vorwiegend
    festkochende Kartoffeln
Salz
50 ml Vollmilch
50 g Crème fraîche
50 g Butter
150 g reifer Brie
2–3 TL Trüffelöl

Die Kartoffeln schälen, waschen und vierteln. In gut gesalzenem Wasser einmal aufkochen, dann in etwa 20 Minuten weich kochen. Anschließend abgießen und abtropfen lassen.

Die Milch mit der Crème fraîche erwärmen. Die Kartoffeln mit einer Gabel zerdrücken oder durch eine Kartoffelpresse drücken. Die Butter unterrühren. Den Brie fein schneiden und unterziehen.

Das Püree mit Trüffelöl beträufeln, nach Belieben mit einer Scheibe Brie toppen und heiß servieren. Dazu passen Fleischgerichte.

▶ *Kaum ein Aroma lässt sich leichter künstlich herstellen als das von Trüffeln. Wenn Sie den Geschmack mögen, achten Sie beim Kauf auf den Preis: Natürlich gewonnenes Trüffelöl wird aufwendig hergestellt, das kostet dann deutlich mehr. Dafür schmeckt es viel feiner als industrielles.*

SOUTHBANK

Der Komplex des Southbank Centre mit der **Royal Festival Hall** auf der südlichen Flussseite – deswegen auch *south bank* – ist vielleicht ein bisschen in die Jahre gekommen, aber ein wichtiges Wahrzeichen Londons. Die Royal Festival Hall wurde im Nachkriegsengland gebaut, bewusst im modernistischen Stil, um zu signalisieren, dass Großbritannien auf dem Weg in die Zukunft die viktorianische Zeit hinter sich gelassen hatte. Heute ist dieser Baustil, *brutalist* genannt, unter Architektur-Insidern wieder sehr angesehen. Ob Sie Betonwüsten mögen oder es lieber altmodisch haben, spielt aber keine Rolle, denn das Angebot hier ist erstaunlich. Vom Workshop zu feministischem afrikanischem Tanz bis zu Auftritten des London Philharmonic Orchestra, aktuell unter den Top 5 der weltbesten Orchester, ist für jeden kulturellen Geschmack etwas dabei. Auch vor den Türen findet Unterhaltung aller Art statt, zwischen Kleinkunst und Skate-Wettbewerben. Und es gibt den unvermeidlichen Straßenmarkt für Essen und Trinken, gleich hinter der Royal Festival Hall. Direkt im Haus befindet sich das **Restaurant Skylon**.

Tipp: Bitten Sie für den Lunch um einen Tisch am Fenster, der Blick auf die Themse ist zum Quietschen schön und würde sich für einen Heiratsantrag eignen. Wobei ich da nicht aus eigener Erfahrung spreche.

Fehlt nur noch ein dem Ambiente entsprechendes Gericht. Ich kann Ihnen die Eggs Florentine empfehlen (siehe Seite 192). Diese Abwandlung der Eierspeise Eggs Benedict, die mit Speck oder Schinken zubereitet wird, ist vegetarisch, aber damit nicht minder kaloriensündig. Das Skylon hat gleich mehrere solcher verführerischen Eierspeisen auf der Speisekarte. Es sind diverse Schritte zu befolgen und es werden außerdem mehrere Töpfe benutzt, ich warne vor. Aber das Resultat ist den Aufwand wert. Und wo Sie schon mal dabei sind, backen Sie doch auch die Crumpets dazu, auf denen Sie dieses Gericht dann servieren!

Für Crumpets brauchen Sie Backformen, um den sehr flüssigen Teig zu bändigen. In England verwendet man *crumpet rings*, sogenannte Eierringe, für das Ausbacken in der Pfanne. Sie können, deshalb ihr deutscher Name, auch für perfekt geformte Spiegeleier zweckentfremdet werden. Ob Sie die Crumpets vor dem Servieren toasten, bleibt Ihnen überlassen – ich mache es nicht. Wenn Sie den Sonntagmorgen gerne mit Champagner (schon wieder!) und einem gemütlichen Brunch verbringen, dann passt dieses Backwerk ideal zur Orangenmarmelade, die nicht fehlen darf und deren Rezept ich deshalb aufgeschrieben habe (siehe Seite 195). Mögen Sie leicht gesalzene Butter? Sie passt perfekt zum etwas bitteren Charakter der Marmelade.

EGGS FLORENTINE

FÜR 4 PERSONEN

FÜR DIE SAUCE HOLLANDAISE
100 g Butter
½ Zitrone
2 Eigelb
Salz
schwarzer Pfeffer aus der
    Mühle

FÜR DEN BELAG
200 g TK-Spinat oder 300 g
    frischer Spinat
1 Schalotte
2 EL Butter
1 Msp. Muskatnusspulver
Salz
schwarzer Pfeffer aus der
    Mühle

FÜR DIE POCHIERTEN EIER
2 EL Weißweinessig
4 Eier
Salz
schwarzer Pfeffer aus der
    Mühle

AUSSERDEM
4 Crumpets (Rezept siehe
    Seite 194) oder dicke
    Scheiben Weißbrot
2 EL Butter zum Servieren
    (optional)

Für die Sauce hollandaise die Butter in einem Wasserbad zerlassen. Anschließend auf Handwärme abkühlen lassen.

Dann die Zitrone auspressen. Das Eigelb mit Salz, Pfeffer und Zitronensaft in einer Rührschüssel mit dem Handmixer so lange aufschlagen, bis die Masse aufhellt und deutlich an Volumen zunimmt. Die flüssige Butter portionsweise unter ständigem Rühren zugeben, bis sich die Zutaten verbinden und eine emulgierte, relativ zähflüssige Sauce entsteht. In eine kleine Schüssel umfüllen und in ein mit heißem Wasser gefülltes Wasserbad stellen. Die Sauce vor dem Servieren nochmals aufschlagen.

Für den Belag den TK-Spinat auftauen. Alternativ den frischen Spinat zweimal waschen, verlesen und abtropfen lassen. Die Schalotte abziehen und ganz fein hacken. Die Butter in einem Topf zerlassen. Die Zwiebelstückchen darin bei niedriger Temperatur in etwa 8 Minuten glasig anschwitzen. Dann den Spinat unterrühren, würzen und erhitzen. Ohne Deckel einige Minuten garen, bis der Spinat zusammengefallen ist. Bei Bedarf die ausgetretene Flüssigkeit abtropfen lassen.

Für die pochierten Eier Wasser in einem mittelgroßen Topf aufsetzen. Den Essig unterrühren. Ein Ei in eine Untertasse aufschlagen. Wenn das Wasser kocht, mit einem Kochlöffel in der Mitte des Topfs durch Umrühren im Uhrzeigersinn eine Art Strudel erzeugen. Das Ei sofort genau in diesen Strudel gleiten lassen; er verhindert, dass es ausfranst. Das Ei je nach seiner Größe 4–5 Minuten pochieren. Anschließend aus dem Wasser heben, auf einen Teller legen, salzen und pfeffern. Die übrigen Eier ebenso pochieren.

Zum Anrichten die Crumpets oder das Weißbrot toasten, nach Belieben buttern und auf vier Teller verteilen. Den Spinat darauf anrichten, gefolgt vom pochierten Ei und der warmen, nochmals aufgeschlagenen Sauce hollandaise. Gleich servieren.

CRUMPETS

FÜR 10–12 CRUMPETS

150 ml Milch
½ Pck. Trockenhefe
1 TL Zucker
400 g Weizenmehl Type 405
1 TL Salz
1 TL Backpulver
2 EL Butter + mehr zum
   Servieren

Die Milch mit 150 ml heißem Wasser verrühren, die Mischung sollte handwarm sein. Die Hefe und den Zucker über die Oberfläche streuen. 10 Minuten ruhen lassen, bis die Hefe aktiv wird und Blasen wirft.

Das Mehl mit dem Salz und dem Backpulver vermengen und in eine Rührschüssel geben. Die Hefeflüssigkeit angießen und alles mit einem Handmixer mehrere Minuten schlagen, bis ein homogener Teig entsteht. Die Schüssel mit Frischhaltefolie abdecken und den Teig an einem warmen Ort etwa 2 Stunden ruhen lassen, bis sich sein Volumen verdoppelt hat (anschließend den Teig nach Belieben über Nacht kalt stellen oder gleich weiterverarbeiten).

Eine große beschichtete Pfanne ohne Fettzugabe bei niedriger Temperatur erwärmen. Eierringe innen einfetten, so viele wie möglich in die Pfanne setzen. Den (flüssigen) Teig 1,5–2 cm tief in die Ringe füllen. Etwa 10 Minuten backen, bis die Crumpets an der Oberfläche fest werden und sich Bläschen bilden. Mit einem Messer den Gargrad prüfen; sie müssen durchgebacken sein. Die Crumpets aus der Pfanne heben, mit einem scharfen Messer aus den Ringen lösen und auf ein Kuchengitter setzen. Den restlichen Teig auf die gleiche Weise verarbeiten.

Die Crumpets noch warm servieren, am besten gleich mit einem ordentlichen Klacks Butter drauf.

> ▶ *Den Teig für die Crumpets können Sie am Abend vorher zubereiten und über Nacht im Kühlschrank reifen lassen, das macht es für Sie am nächsten Morgen ganz einfach und tut dem Teig geschmacklich gut. Hefe und Backpulver in einem Rezept? Ja, dieser Mix sorgt für die begehrten Löcher in den Crumpets.*

ORANGE MARMALADE

FÜR ETWA 800 G

500 g unbehandelte
   Bitterorangen
1 unbehandelte Zitrone
300 g Zucker

Die Zitrusfrüchte gründlich waschen und im Ganzen in einen Topf geben. Mit Wasser bedecken, einmal aufwallen lassen, dann bei niedriger Temperatur köcheln lassen, bis sie völlig weich geworden sind (das kann 2 Stunden dauern). Dann die Früchte mit einem Schaumlöffel aus dem Garsud heben. Den Garsud beiseitestellen, die Früchte auf eine Arbeitsfläche legen und abkühlen lassen.

Danach die Zitrone entsorgen und die Orangen halbieren. Das Fruchtfleisch mit einem Löffel ausschaben und in einen mittelgroßen Topf geben. Die Orangenschalen beiseitestellen. 200 ml vom beiseitegestellten Garsud zum Fruchtfleisch gießen, abgedeckt einmal aufkochen, dann einige Minuten köcheln lassen.

Anschließend ein Sieb mit einem frischen Küchentuch auslegen und eine Schüssel darunterstellen. Die Garsud-Fruchtfleisch-Mischung durch das Sieb gießen. Das Küchentuch fest zusammendrücken, damit so viel wie möglich an Flüssigkeit herausgepresst wird.

Die Orangenschalen nach Wunsch hauchfein oder etwas gröber schneiden, unter die ausgedrückte Flüssigkeit rühren und abgedeckt einige Zeit, am besten über Nacht, ruhen lassen.

Alles wieder in einen Topf füllen, den Zucker einstreuen und bei niedriger Temperatur unter häufigem Rühren kochen, bis die Zuckerkristalle gelöst sind. Dann abgedeckt etwa 1 Stunde köcheln lassen. Anschließend die Gelierprobe machen: Wenn etwas Marmelade auf einem gekühlten Teller-chen nach 1–2 Minuten fester wird, ist sie fertig. Die Marmelade in Gläser abfüllen, diese verschließen und einige Minuten auf den Kopf stellen.

▶ *Marmelade aus Zitrusfrüchten heißt* marmalade. *Marmelade aus anderen Früchten heißt* jam. *Die klassische englische Orangen-marmelade wird aus Seville-Orangen gemacht, den Bitterorangen, die nur gekocht genießbar sind. Auf deutschen Wochenmärkten sind sie zwischen Januar und Februar zu finden. Die Schale ist unbehandelt, Sie müssen also nicht auf Bioware achten.*

LAMBETH

London hat entzückende kleine Museen zu bieten, die selbst die Einheimischen nicht zwingend auf dem Zettel haben. So möchte ich Sie gerne ins **Garden Museum** in Lambeth einladen. Es ist ein versponnener, wunderbarer Ort, für den Sie nicht viel Zeit brauchen. Viele Kuriosa gibt es zu bestaunen, beispielsweise eine Erfindung des Ingenieurs George Stephenson (nicht zu verwechseln mit dem Dichter Robert Louis Stevenson), der die Dampflok ertüftelte und außerdem ein Behältnis, in dem Salatgurken schön gerade wachsen. Einst war das Museum eine Kirche, der Grundstein wurde bereits im 11. Jahrhundert gelegt. Sie wurde 1977 vor dem Abriss gerettet, wobei auch einige wunderbare Glasfenster bewahrt werden konnten. Und sie wurde umgewidmet, nämlich zum damals weltweit ersten Museumsort rund um Gärten und deren Historie. Im Café steht natürlich ein Apfeleis auf der Speisekarte, wenn die englische Apfelsorte Bramley reif ist. Für die Zubereitung zu Hause benötigen Sie eine Eismaschine. Geräte mit einem Akku, der vorgekühlt werden muss, sind gar nicht teuer.

BRAMLEY ICECREAM
Apfeleis

FÜR ETWA 1 L

250 g Kochäpfel (Sorte
   Bramley oder andere
   Kochapfelsorte, z. B.
   Boskop)
150 g Zucker
½ Zitrone
200 g Crème double
100 g Sahne
100 ml Vollmilch
5 Eigelb

Die Äpfel waschen, vierteln und entkernen. Mit 50 g Zucker und 100 ml Wasser in einen Topf geben. Die Zitrone auspressen und den Saft zufügen. Einmal aufwallen lassen und die Äpfel in etwa 10 Minuten weich garen. Anschließend den Garsud abgießen, jedoch nicht entsorgen. Die Apfelmasse mit dem Pürierstab zu einem nicht zu flüssigen Mus verarbeiten; bei Bedarf etwas Garsud angießen. Das Mus beiseitestellen und abkühlen lassen.

Die Crème double mit der Sahne und der Milch in einem Topf bei niedriger Temperatur erwärmen. Die Mischung glatt rühren und auf Handwärme abkühlen lassen.

Danach das Eigelb mit dem restlichen Zucker mit dem Handmixer so lange schlagen, bis die Masse aufhellt und an Volumen zugenommen hat. Das Apfelmus mit der Sahnemischung verrühren, unter die Eigelbmasse ziehen. Alles gut verquirlen und abkühlen lassen.

Dann nach Herstellerangabe in einer Eismaschine zu Eiscreme verarbeiten und servieren. Zum Apfeleis passen Shortbread oder Kuchen; das Garden Museum reicht eine Haselnussschnitte dazu.

DULWICH

Weiter südlich von Lambeth liegt Dulwich. Auch hier ein Hinweis zur Aussprache: »dallitsch«. Hierher könnte man einen Tagesausflug unternehmen, vielleicht auf dem Hinweg kurz fürs Multikulti-Großstadtgewusel in Brixton aus der U-Bahn steigen. Um dann, letztendlich nur wenige Meilen von der City of London entfernt, ländliche Verträumtheit zu tanken.

The Pickwick Cottage, College Road, Gallery Road und das entzückende Dulwich Village mit seinem Park und die eingangs erwähnte **Dulwich Picture Gallery** sind ideale Spazierrouten. In East Dulwich nebenan lässt sich wunderbar bummeln, denn hier gibt es eine klassische *high street*, wie die Einkaufsstraßen einer Nachbarschaft genannt werden. Anstelle internationaler Ketten finden sich noch kleine inhabergeführte Geschäfte, vom Einrichtungslädchen bis zum Käsegeschäft. Die Pubs sind angenehm, das Essen handfest. Im **Palmerston** stehen Muscheln eines nachhaltig arbeitenden Erzeugers auf der Speisekarte, der seine Muscheln im West Country züchtet.

Im **East Dulwich Tavern** hingegen werden Steak-Sandwiches serviert. England ist eine Sandwich-Nation, das haben Sie sicherlich schon gemerkt. Zum Lunch geht das fix, außerdem ist es praktisch. Doch die Zeiten der Vorherrschaft des berühmt-berüchtigten Gurkensandwiches sind vorbei, denn das schmeckte zwar erfrischend, aber nicht wirklich lecker. Wenn Sie ein Steak-Fan sind, sollten Sie lieber so ein Steak-Sandwich probieren. Es ist genau das, was der Name sagt, ein gutes Stück Fleisch zwischen zwei dicken Scheiben Weißbrot. Zu viel »Gedöns«, wie Salatblätter oder Tomatenscheiben, ist eigentlich nicht gewünscht. Aromatisiert wird nach Geschmack. Meerrettichcreme mit einem Spritzer Zitronensaft, Senf, Ketchup oder die bereits erwähnte »braune Sauce« eignen sich wunderbar. Im East Dulwich Tavern wird das Brot mit einer Blauschimmelcreme bestrichen, dazu gibt's Pommes frites. Eine Kombination, die Sie den Rest des Tages sättigen dürfte.

BORA & SONS
FRUIT & VEGETABLES

THE PALMERSTON

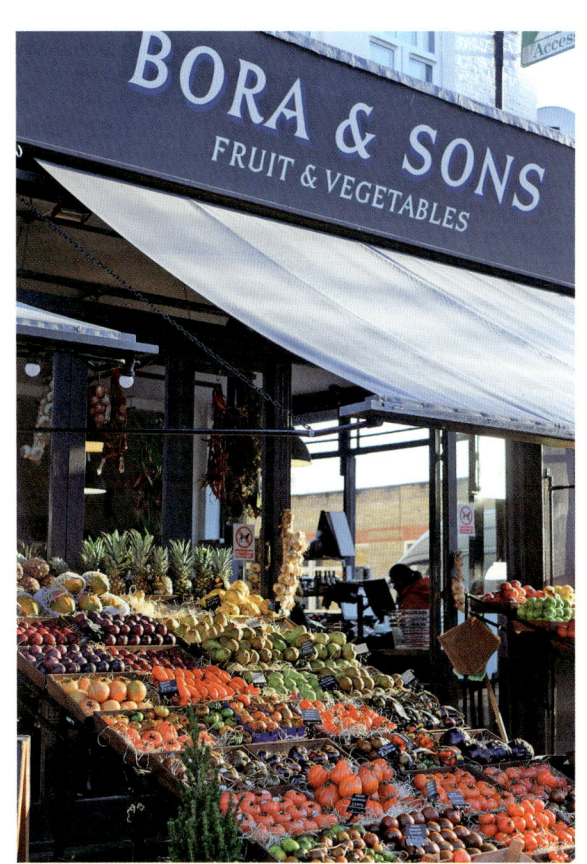

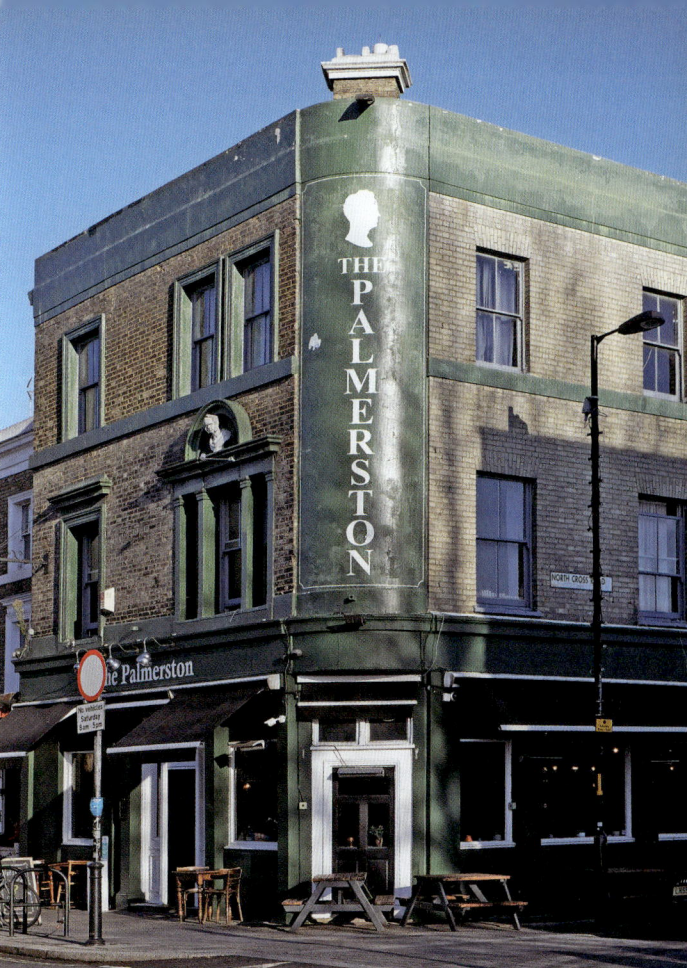

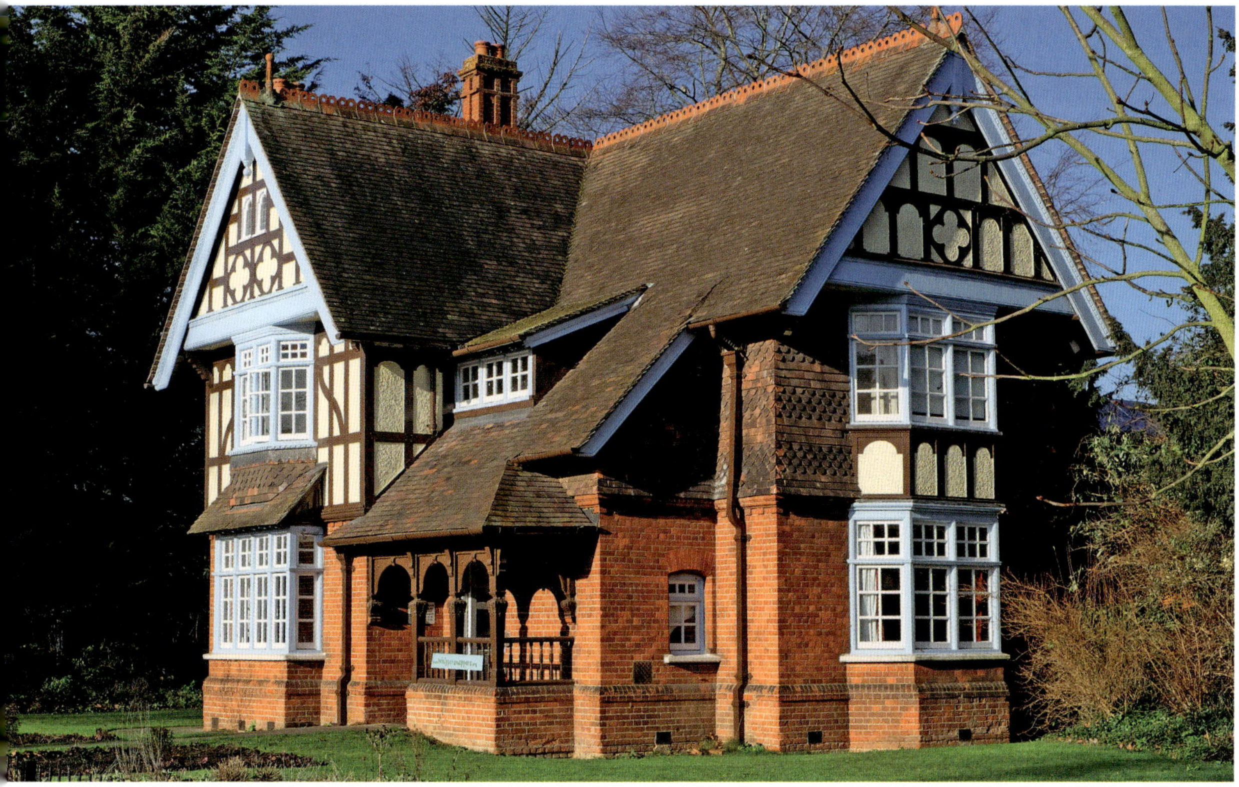

WEST COUNTRY FOWEY MUSSELS

Miesmuscheln aus dem West Country

FÜR 4 PERSONEN

2 Schalotten
1 große Knoblauchzehe
1 kleiner Bund glatte Petersilie
50 g Butter
250 ml trockener Weißwein
2 kg küchenfertige
   Miesmuscheln
250 g Konditorsahne
   (35 % Fettgehalt)
Salz
schwarzer Pfeffer aus der
   Mühle
1 Prise Chilipulver (optional)

Die Schalotten sowie den Knoblauch abziehen und fein hacken. Die Petersilie waschen, trockenschütteln und die Blättchen abzupfen. Die schönsten davon (ein Drittel) zur Dekoration beiseitestellen, den Rest fein hacken.

Die Butter in einem Topf, der groß genug für die Muscheln ist, zerlassen. Die Schalotten- und Knoblauchstückchen darin bei niedriger Temperatur in 5 Minuten glasig anschwitzen. Dann mit dem Weißwein ablöschen und aufkochen. Die Muscheln zugeben und den Topf abdecken. Die Muscheln 5 Minuten dämpfen, zwischendurch den Topf mehrfach rütteln.

Wenn sich die Muscheln geöffnet haben, den Topf vom Herd nehmen, prüfen, ob noch nicht geöffnete Muscheln darunter sind, diese entsorgen. Die übrigen Muscheln auf vier Teller verteilen.

Die gehackten Petersilienblätter und die Sahne unter den Muschelsud rühren. Bei hoher Temperatur etwa 10 Minuten köcheln lassen, bis die Sauce etwa auf die Hälfte reduziert ist. Zuletzt mit Salz, Pfeffer und optional Chilipulver recht herzhaft würzen.

Die Sauce über die Muscheln gießen. Mit den beiseitegestellten Petersilienblättchen garnieren und heiß servieren. Im Palmerston gibt es dazu Focaccia, das leckere und nicht so krustige italienische Brot, das sich perfekt zum Auftunken der Sauce eignet.

STEAK SANDWICH WITH CARAMELIZED ONIONS

FÜR 4 PERSONEN

1 Zwiebel
100 g weiche Butter
4 EL Olivenöl
50 g (brauner) Zucker
3 EL Rotweinessig
400 g Steakfleisch (in England
  ist für dieses Sandwich
  Saum- oder Kronfleisch
  typisch, das *skirt steak*.
  Hierzulande kann das
  ein Metzger sicher auf
  Vorbestellung besorgen.)
Salz
schwarzer Pfeffer aus der
  Mühle
100 g Blauschimmelkäse
8 Scheiben handfestes
  Weißbrot (z. B. Ciabatta,
  dick geschnittenes
  Kastenweißbrot o. Ä.)

Die Zwiebel abziehen und in dünne Ringe schneiden. 50 g Butter und 1 EL Olivenöl in einer großen beschichteten Pfanne zerlassen. Die Zwiebelringe einlegen und bei mittlerer Temperatur 5 Minuten anbraten. Mit dem Zucker bestreuen und mit dem Essig beträufeln. Die Ringe abgedeckt bei niedriger Temperatur in etwa 30 Minuten weich garen, bis sie karamellisiert sind. Dann aus der Pfanne heben und beiseitestellen.

Das restliche Olivenöl in der Pfanne erhitzen. Das Fleisch abbrausen, trockentupfen und rundum mit Salz und Pfeffer einreiben. Von jeder Seite im Öl etwa 3 Minuten anbraten, bis es Farbe annimmt. Für medium rare die Pfanne vom Herd nehmen, das Fleisch abdecken und 5 Minuten ruhen lassen. Für medium noch 2 Minuten weiterbraten. Anschließend das Fleisch in Streifen schneiden.

Die restliche Butter mit dem Käse verrühren, leicht salzen und pfeffern. Die Brote mit der Blauschimmelbutter bestreichen, auf vier Scheiben die Zwiebelringe anrichten, darüber das Fleisch. Die restlichen Brotscheiben aufsetzen und andrücken. Die Sandwiches gleich servieren, dazu passen Pommes frites. Die Sandwiches schmecken auch, in Butterbrotpapier oder Servietten eingewickelt, aus der Hand.

ADRESSEN

London Borough of Southwark

DULWICH COLLEGE
DULWICH PICTURE GALLERY
NORTH DULWICH STATION
CAMBERWELL

TATE MODERN

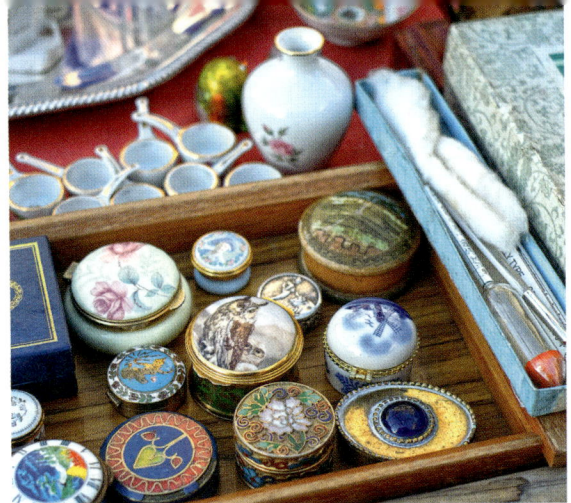

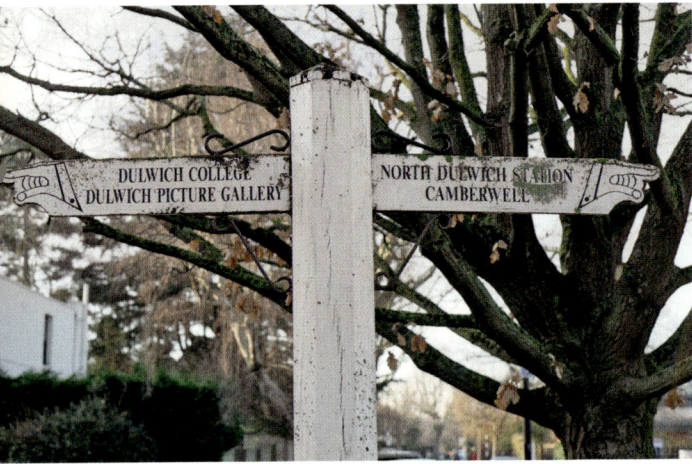

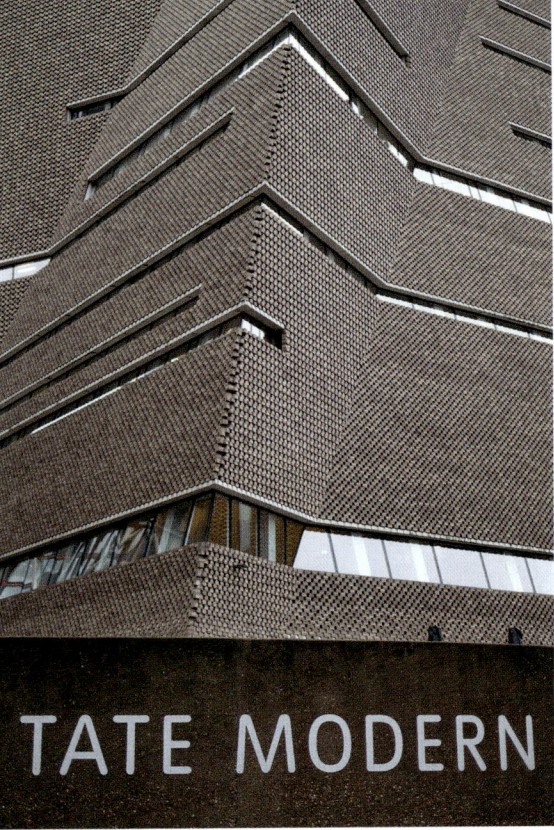

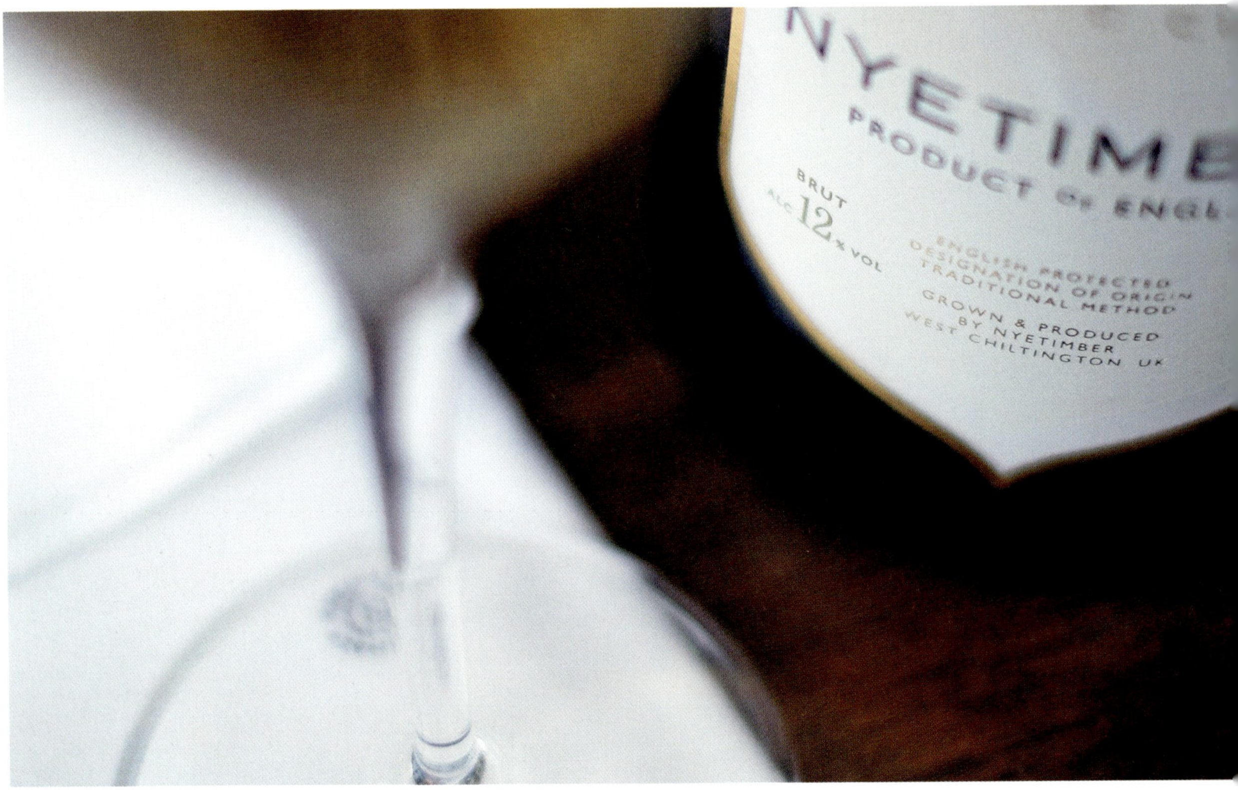
BRUT
ALC 12% VOL
ENGLISH PROTECTED
DESIGNATION OF ORIGIN
TRADITIONAL METHOD
GROWN & PRODUCED
BY NYETIMBER
WEST CHILTINGTON UK

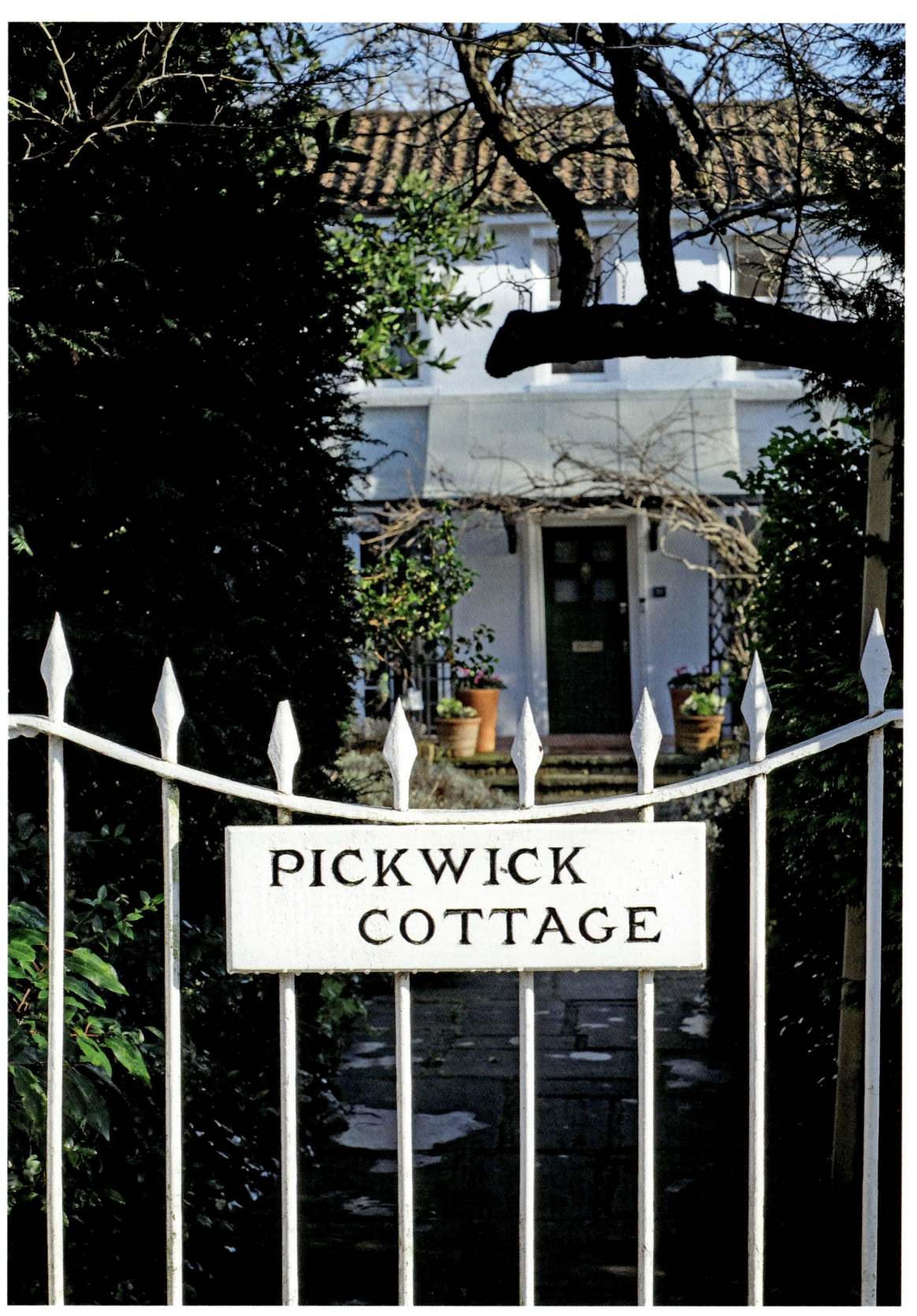

HAMPTON COURT

ZWISCHEN FLEISCHSPIESSEN UND ... TRIPMADAM?

W enn der Berater in einer exklusiveren Wohnung lebt als sein Chef und ihm dieses auch noch ständig vor Augen führt, ist das keine gute Idee. Kardinal Thomas Wolsey musste das ebenfalls erfahren, als er sich 1514 den damals prächtigsten Palast des Landes, Hampton Court, gebaut hatte und seinen König und Herrn Heinrich VIII. häufig beherbergte. Was der König wollte, bekam er in der Regel: sechs Ehefrauen, Macht, ein enormes Vermögen ... und bald Hampton Court. Wolsey starb vorsichtshalber, bevor man, sind sich Historiker heute einig, ihn im Tower wegen Hochverrats ins nächste Leben befördert hätte.

Angeblich widmete Heinrich VIII. die Nascherei Maid of Honours (siehe Seite 215) Anne Boleyn, die, bevor sie seine Frau wurde, die Hofdame (*maid of honour*) seiner ersten Frau Katharina von Aragon war.

Wenn Sie sich für Heinrich VIII. interessieren, ist ein Tag in Hampton Court zu jeder Jahreszeit atemberaubend. In den Sommermonaten könnten Sie standesgemäß mit dem Boot anreisen, ganz so, wie es Heinrich VIII. tat, denn die Fahrt von London auf der Themse nach Hampton Court ging viel schneller und war wesentlich sicherer. In der Winterzeit können Sie mit etwas Glück den Raureif auf den wunderschön geschnittenen Bäumen in den Parks und Gärten rund um Englands zweitgrößten Palast erleben. Mehr als 26 Hektar umfasst die Grünanlage; Umgestaltungen von Englands berühmtem Gartenarchitekten Capability Brown sind heute noch sichtbar. Natürlich gehörte außerdem ein weitläufiger Küchengarten dazu, der 2014 nach Originalaufzeichnungen restauriert wurde. Es ist interessant zu sehen, welche Vielfalt an Kräutern, Gemüsen und Obst angebaut wurde, von Tripmadam über den Krauskohl Hoher Roter Krauser bis zu Kirschen. Tripmadam kennen Sie eher als Gartengewächs unter dem Namen Felsen-Mauerpfeffer. In Frankreich schätzt man Tripmadam hingegen bis heute als säuerliches Küchenkraut.

Doch am liebsten aß man in Hampton Court damals Fleisch. Deshalb finden sich in den königlichen Küchen auch sechs Feuerstellen, an denen unentwegt Fleischspieße gedreht wurden. Die Arbeit war derart schweißtreibend, dass die Köche so viel Bier trinken durften, wie in sie hineinpasste ... Kam der König mit seinem Gefolge, waren das auf einen Schlag bis zu 1000 Menschen im Palast. Zweimal täglich gab es zu festen Zeiten und nach festgelegter Sitzordnung in der Großen Halle ein Essen für 400 Höflinge (die Sitzordnung signalisierte jedem einzelnen sehr genau, wie sein sozialer Status war). Damit das alles klappte, waren in den Küchen 200 Menschen beschäftigt; es musste ständig Nachschub angenommen und kontrolliert werden, Gemüse geputzt, Verderbliches gekühlt, Fleisch zerteilt werden. Die Räume mit den offenen Feuern wurden mehrmals im Jahr frisch geweißelt. Nicht etwa, weil das dem Schönheitsverständnis der Köche entgegenkam, sondern weil die Wände durch die offenen Feuer schnell verrußten und die Köche spätestens bei Sonnenuntergang nichts mehr sahen. Eine Tonne Brennstoff kostete dieses Fleischvergnügen am Tag.

Es kam Ausgefallenes auf den Tisch, Schwan, Flussdelfin, gewürzgeprägte Speisen. Und die Gerichte, die serviert wurden, waren je nach Status des Essenden sehr oder kaum ausgarniert. Es gab sogar frisches Wasser, das von Kingston upon Thames und dem Coombe Conduit fünf Kilometer weit durch ein Röhrensystem zum Palast lief. Doch für den normalen Durst stand jedem, der in Hampton Court arbeitete, eine Gallone (das sind knapp vier Liter) Bier am Tag zu.

Ja, Hampton Court signalisierte Macht. Aber offenbart auch ein unglaubliches Gespür für Historie und Schönheit. Und ein lässiges Leben. Beenden Sie Ihren Ausflug doch mit einem Picknick, entweder vorbestellt bei Fortnum & Mason und dorthin geliefert, oder bringen Sie Ihren eigenen Korb mit. Vorher können Sie im Hampton Court Shop noch die passenden Servietten erwerben.

Praktisches:
Hampton Court Palace, East Molesey, Surrey.
Per Boot: von Westminster Pier, Kew oder Richmond Pier. Auch Segelboote fahren.
Mehr Informationen:
www.thamesriverboats.co.uk
Per Zug: ab Waterloo mit National Rail. Alternative Routen über Transport for London:
www.tfl.gov.uk
Coombe Conduit, Coombe Lane West, Kingston upon Thames.

MAID OF HONOURS
Mandeltörtchen

FÜR ETWA 12 STÜCK

FÜR DEN TEIG
120 g Butter + mehr für die
   Formen
300 g Mehl + mehr zum
   Arbeiten
50 g Puderzucker
1 Prise Salz

FÜR DIE FÜLLUNG
1 unbehandelte Zitrone
80 g Zucker
100 g Quark (20 % Fettgehalt)
80 g Butter
1 Ei
1–2 EL Brandy
50 g Mandelmehl

Für den Teig die Butter 15 Minuten tiefkühlen. Anschließend raspeln und mit dem Mehl, dem Puderzucker und dem Salz in einer Rührschüssel verkneten, dabei portionsweise bis zu 60 ml kaltes Wasser einarbeiten, bis ein homogener Teig entsteht. Diesen flach drücken, in Frischhaltefolie wickeln und 1 Stunde ruhen lassen.

Inzwischen die Füllung vorbereiten. Dazu die Zitrone waschen, die Schale fein abreiben und mit dem Zucker zu einer Paste verarbeiten. Quark, Butter, Ei, Brandy und Mandelmehl in einer Rührschüssel mit dem Handmixer schaumig schlagen, dann die Zitronen-Zucker-Paste unterrühren.

Den Backofen auf 180 °C Ober-/Unterhitze vorheizen. Den Teig auf einer bemehlten Arbeitsfläche unter Frischhaltefolie auf etwa 0,5 cm Dicke ausrollen. Die Folie entfernen und mit einem Ausstecher aus dem Teig kleine Kreise (etwa 4 cm Ø) ausstechen.

Zwölf Törtchenformen einfetten, die Teigkreise in die Formen einpassen und die Füllung darauf verteilen. Die Mandeltörtchen im Ofen auf der mittleren Schiene 25 Minuten backen, bis die Füllung aufgegangen ist und eine goldgelbe Farbe angenommen hat.

Die Törtchen vor dem Servieren abkühlen lassen.

Welcome to
Hampton Court
HOUSE of our most
Sovereign Lord
King Henry VIII

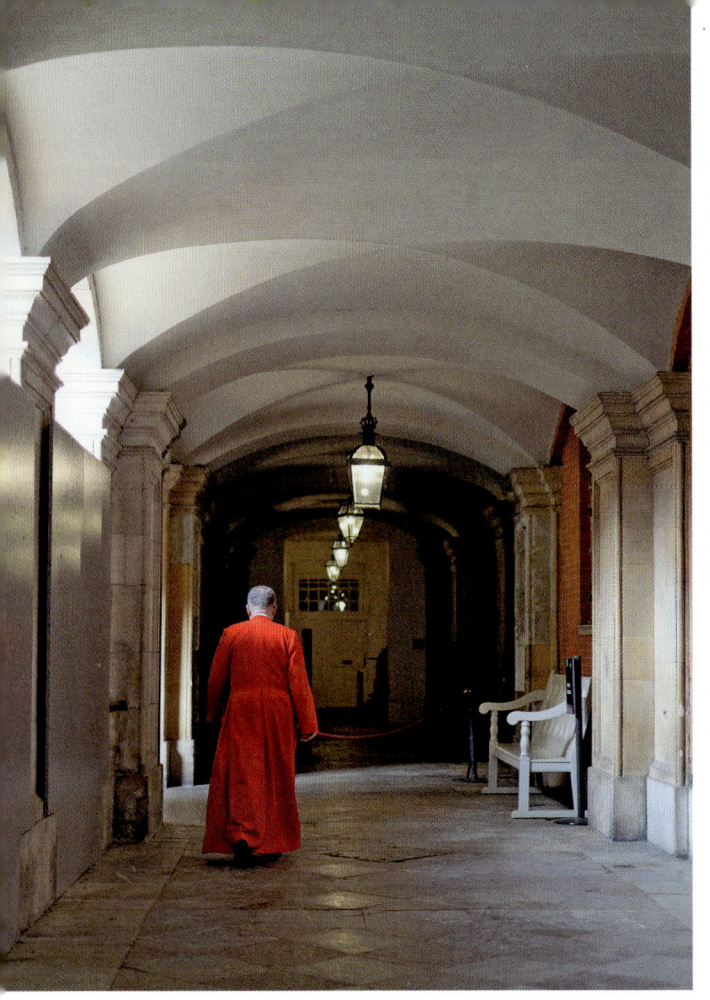

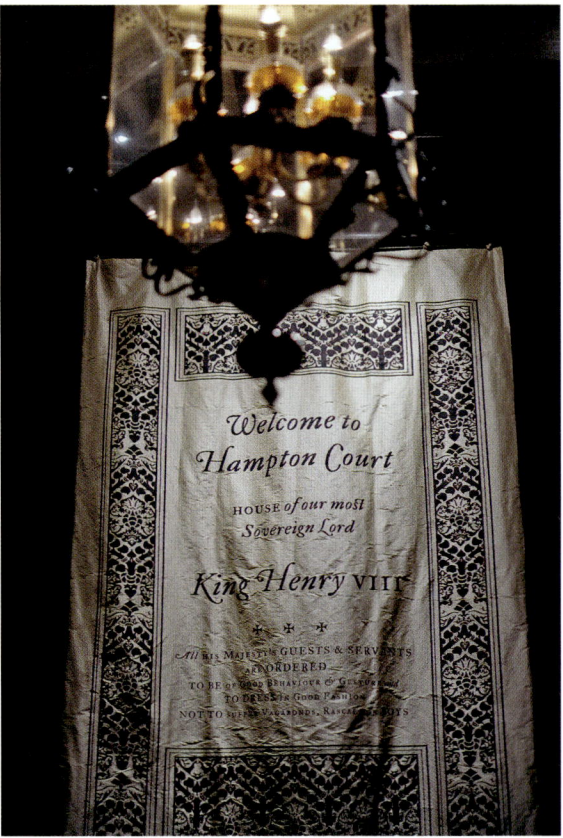

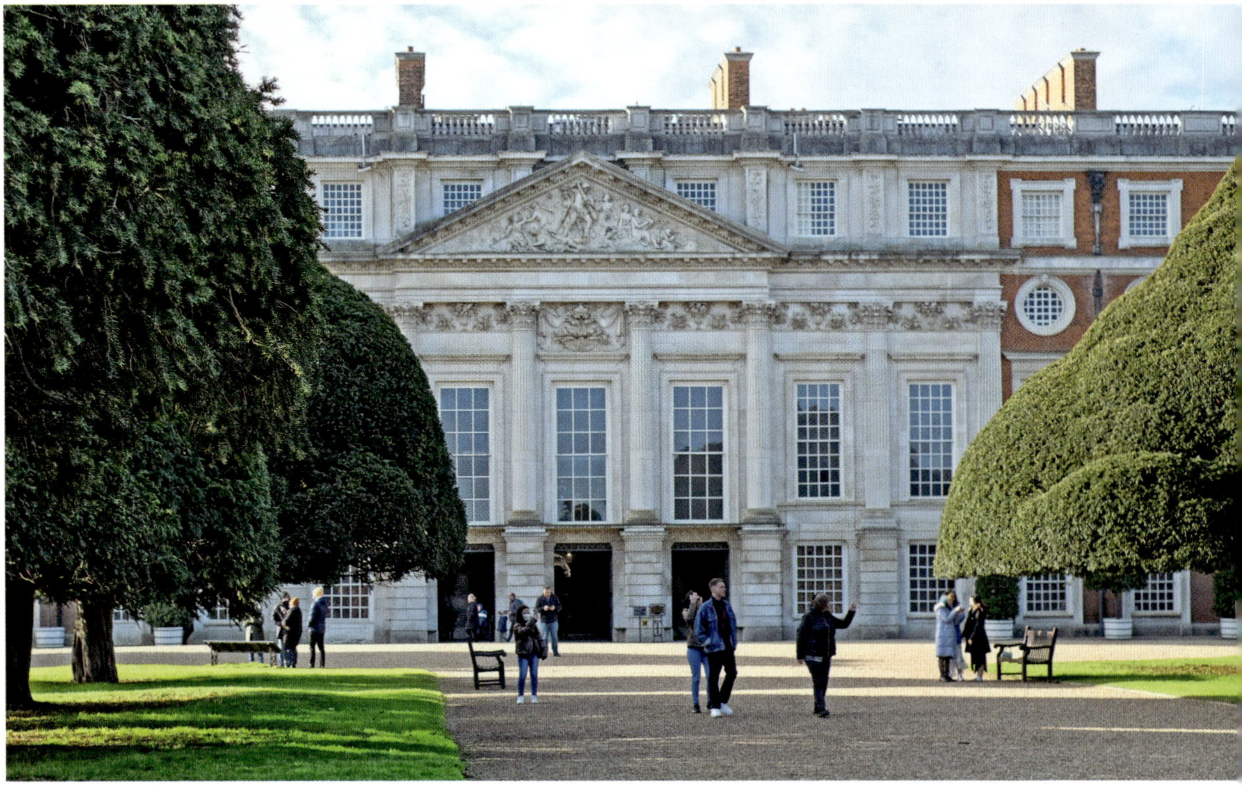

REZEPTREGISTER

ÜBER DIE AUTORIN

Gabriele Gugetzer ist Autorin von über 30 Kochbüchern und guckt als Reisejournalistin Köchen auf der ganzen Welt in die Töpfe. Ob Singapur oder Buenos Aires, ob bei der mozzarellamachenden Neuseeländerin, beim Füttern von artgerecht gehaltenen Schwäbisch-Hällischen Landschweinen, in der Staatlichen Kochschule von Chengdu oder beim Imkern ... sie ist dabei ziemlich beharrlich und macht alles mit, es sei denn, Leistenkrokodile oder Schlangen sind auch von der Partie. So ziemlich jede Küche und jeden Kochstil findet sie spannend und interessant; auch über vegane Küche hat sie schon ein Buch geschrieben. Nach ihrem Studienabschluss in Los Angeles lebte und arbeitete Gabriele Gugetzer in London und dann, mit Zwischenstopps in München und Köln, 30 Jahre lang in Hamburg. Mittlerweile beackert sie einen Garten, gelegen in Niedersachsens unterschätzter Hauptstadt. Wenn sie nicht wieder in der Welt unterwegs ist, beispielsweise in Tasmanien oder Osaka, den aktuellen Wunschzielen. »Lunch in London« ist ihr drittes Buch über ihre Lieblingsstadt.

ÜBER DIE FOTOGRAFIN

Katya Katkova ist in Klaipeda, Litauen, aufgewachsen. 2008 zog sie nach London, von wo aus sie seit 2012 hauptberuflich den erfolgreichen Blog »East London Mornings« betreibt. Auf ihrem Instagram-Account @ eastlondonmornings begeistert sie mit ihrem feinen Gespür für Details und Atmosphäre fast 100.000 Abonnenten. Hierfür bereist sie die Welt, um Kultur, Geschmäcker und Trends aufzuspüren.

IMPRESSUM

Produktmanagement: Stefanie Gückstock
Redaktion: Constanze Lüdicke
Korrektorat: Judith Bingel
Layout: Silke Schüler
Umschlaggestaltung: Regina Degenkolbe unter Verwendung einer Illustration von Adobe Stock/Jane Lane.
Repro: LUDWIG:media
Herstellung: Anna Katavic

Printed in Slovenia by DZS Grafik

Texte & Rezepte: Gabriele Gugetzer
Fotografie: siehe Bildnachweis

Unser komplettes Programm finden Sie unter

 www.christian-verlag.de

Sind Sie mit diesem Titel zufrieden? Dann würden wir uns über Ihre Weiterempfehlung freuen.
Erzählen Sie es im Freundeskreis, berichten Sie Ihrem Buchhändler oder bewerten Sie bei Onlinekauf. Und wenn Sie Kritik, Korrekturen, Aktualisierungen haben, freuen wir uns über Ihre Nachricht an Christian Verlag, Postfach 40 02 09, D-80702 München oder per E-Mail an lektorat@verlagshaus.de

Bildnachweis
Fotografien:
Alle Bilder des Innenteils stammen von Katya Katkova mit Ausnahme von S. 25: © Hotel Rubens at the Palace; S. 45: © The Ritz; S. 57: © Metropolitan Hotel; S. 222: privat.
Illustrationen:
S. 10/11: shutterstock.com/Lvivjanochka Photo; S. 21, 32, 102, 116: shutterstock.com/Ma ry; S. 73: shutterstock.com/Jocar Photography; S. 75, 123, 161, 206: shutterstock.com/Momcilica, S. 78/79: shutterstock.com/InnaFelker; S. 126/127: shutterstock.com/M.ilker09; Seite 210/211: shutterstock.com/Helen Lane.

Die Deutsche Nationalbibliothek verzeichnet diese Publikation in der Deutschen Nationalbibliografie; detaillierte bibliografische Daten sind im Internet über http://dnb.d-nb.de abrufbar.

© 2022 Christian Verlag GmbH
Infanteriestraße 11a
80797 München

ISBN 978-3-95961-660-7

Ebenfalls erhältlich ...

ISBN 978-3-95961-505-1

ISBN 978-3-95961-486-3

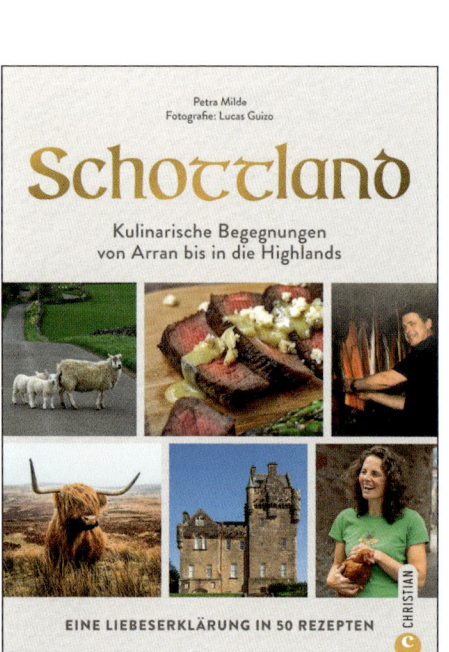

ISBN 978-3-95961-586-0

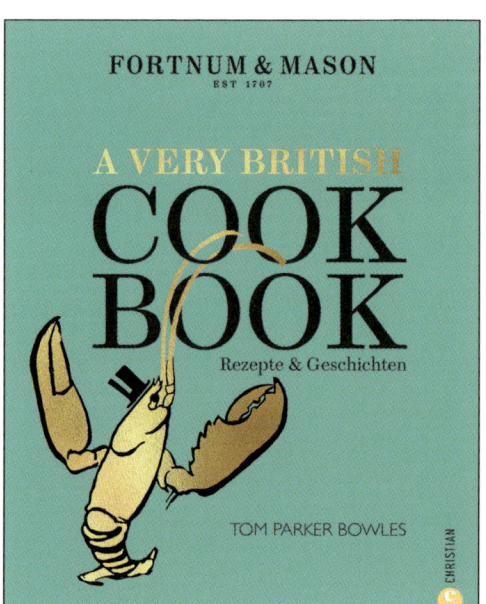

ISBN 978-3-95961-527-3

CHRISTIAN

www.christian-verlag.de